盧梭

Rousseau: A Very Short Introduction

Rousseau: A Very Short Introduction

盧梭

羅伯特・沃克勒(Robert Wokler)著

劉嘉 譯

OXFORD
UNIVERSITY PRESS

Oxford University Press is a department of the University of Oxford.
It furthers the University's objective of excellence in research, scholarship,
and education by publishing worldwide. Oxford is a registered trade mark of
Oxford University Press in the UK and in certain other countries

Published in Hong Kong by
Oxford University Press (China) Limited
39th Floor, One Kowloon, 1 Wang Yuen Street, Kowloon Bay,
Hong Kong

First Edition published in 2022

盧梭

羅伯特 · 沃克勒 (Robert Wokler) 著

劉嘉 譯

ISBN: 978-019-942711-6

1 3 5 7 9 10 8 6 4 2

English text originally published as *Rousseau: A Very Short Introduction*
by Oxford University Press © Robert Wokler 1995, 2001

謹以此書紀念

以賽亞 · 伯林

致謝

完成這本書所花的時間並沒有比原先預計的八個星期長太久，但這八個星期的寫作分散在近八年的時間裏。我從之前的出版物中摘錄了幾頁，分別如下：第一章摘錄了《從柏拉圖到北約的政治思想》(London, 1984)中的「盧梭」；第二章摘錄了S. Harvey, M. Hobson等編輯的《重説盧梭》(Manchester, 1980)中的「《論科學與藝術》及其後續作品」，以及R. F. Brissenden和J. C. Eade編輯的《十八世紀研究》(Canberra, 1979)第五卷中「盧梭論拉莫與革命」；第四章摘錄了G. Feaver和F. Rosen編輯的《生命、自由和公共利益》(London, 1987)中「盧梭的兩種自由觀」。我盡量把John Hope Mason和Quentin Skinner提出的誠懇的修改意見結合進來。我十分感激Keith Thomas爵士，當我的其他出版物出現危機時，他以難以想像的耐心包容我，允許我先去處理它們，並且一絲不苟地對我的寫作風格進行改進。我還要感謝我的編輯，牛津大學出版社的Susie Casement和Catherine Clarke。我非常感謝Marilyn Dunn和Karen Hall按照要求準備了像樣的打字稿。

1993年11月

我利用在文本中增加插圖的機會，對一些細節進行了修改，其中一些是為了更清楚地表述，同時也糾正了山本修二提醒我注意的兩處日語翻譯方面的錯誤。近年來出現的新法語版和英語版的盧梭作品促使我修改或增加了大量的參考資料。對某些主題，尤其是在第一、三和四章中探討的主題，我也進行了擴展。在第六章中，我盡可能地模仿盧梭自己的風格，同時也因為受到另一種語言的限制，以及對作品語境解讀的要求，這一章中包含更多關於音樂的內容。

2001年3月

目錄

引用書目

A 盧梭《政治與藝術：致達朗貝爾論戲劇的信》Rousseau, *Politics and the Arts: Letter to M. d'Alembert on the Theatre*, trans. with notes and an introduction by Allan Bloom (Ithaca, NY: Cornell University Press, 1977) (first published in this format in 1960)

C 盧梭《懺悔錄》譯本Rousseau, *The Confessions*, trans. and with an introduction by J. M. Cohen (London: Penguin Books, 1953)

E 盧梭《愛彌兒》或《論教育》Rousseau, *Emile, or On Education*, introduction, trans., and notes by Allan Bloom (New York: Basic Books, 1979)

G 盧梭《〈論文〉及其他早期政治著作》Rousseau, *Discourses and Other Early Political Writings*, ed., trans., and annotated by Victor Gourevitch (Cambridge: Cambridge University Press, 1997)

H 《盧梭論國際關係》*Rousseau on International Relations*, ed. Stanley Hoffmann and David Fidler (Oxford: Clarendon Press, 1991)

J 盧梭《朱莉》或《新愛洛伊絲》Rousseau, *Julie, or the New Héloïse*, trans. and annotated by Philip Stewart and Jean Vaché (Hanover, NH: University Press of New England, 1997)

L 盧梭《盧梭書信全集》Rousseau, *Correspondance complète*, ed. and annotated by R. A. Leigh (Geneva and Oxford: The Voltaire Foundation, 1965–98)

P 盧梭《全集》Rousseau, *OEuvres complètes*, ed. B. Gagnebin, M. Raymond, et al. (Paris: Gallimard, Bibliothèque de la Pléiade, 1959–95)

R 盧梭《一個孤獨漫步者的遐想》譯本Rousseau, *Reveries of the Solitary Walker*, trans. with an introduction by Peter France (London: Penguin Books, 1979)

S 盧梭《〈社會契約論〉及其他晚期政治著作》Rousseau, *The Social Contract and Other Later Political Writings*, ed., trans., and annotated by Victor Gourevitch (Cambridge: Cambridge University Press, 1997)

文中只引用了盧梭著作最常見的英文版，我更喜歡使用自己翻譯的版本，但同時也標註了其他可參考的版本。文中所有對《社會契約論》的引用僅涉及其內部書籍和章節。對《盧梭書信全集》的引用均標明了信件的編號。

圖片鳴謝

第一章
一位日內瓦公民的生平

在同期的思想家中，盧梭與孟德斯鳩、休謨、斯密、康德對現代歐洲思想史產生了最為深遠的影響。而盧梭所做出的貢獻甚至可能超過同時代的其他所有人。沒有哪位十八世紀的思想家能像他這樣寫出如此多的著作，涵蓋如此廣泛的主題和形式，充滿如此持久的激情和強大的説服力。沒人能像他一樣用自己的作品及一生如此深刻地激發甚至震撼了公眾的想像力。在啟蒙運動的重要人物當中，幾乎只有盧梭能讓當時所處世界的主要思潮經歷最具啟發性的批判，即使是在他引導思潮方向的時候也是如此。後來，當法國大革命的領袖們抓住機會引發政治實踐和理論的統一時，他們首先宣佈了對盧梭學説的擁戴。

和那個時代文學界的絕大多數傑出人士一樣，除了政治之外，盧梭還有很多其他興趣。他是一位廣受讚譽的作曲家，他著有一部權威、翔實的音樂辭典。在他的一生中，音樂或許是他最感興趣的主題。雖然他早期的許多重要作品都是關於藝術、科學和歷史哲學的，但他在晚年卻對植物學充滿熱情，他就植物學寫了一系列書信，其譯本成為英國深受歡迎的教科書。他的《一個孤獨漫步者的遐想》在十八世紀晚期的歐洲引發了浪漫自然主義思潮，他的《新愛洛伊絲》是那個時代最廣為閱讀的小說，他的《懺悔錄》是自聖奧古斯丁以來最具影響力的自傳作品，他的《愛彌兒》是自柏拉圖《理想國》之後關於教育的最重要著作。然而，他所獲得的最傑出的榮譽仍然來自道德和政治思想領域。

他的出生地和早期童年生活對他後來的生活和思想產生了深遠的影響。他於1712年出生於日內瓦，一個加爾文主義小國，周邊圍繞着以信奉天主教為主的大國。這是一個多山的國家，有防禦外敵入侵的自然屏障。最重要的是，它是共和制國家，而其周邊的國家都是公爵領地制和君主制。盧梭後來在《愛彌兒》中描述薩瓦牧師的時候，稱他信仰的是仁慈的自然之神，而不是《聖經》。在一座鳥瞰城市的山丘上，他構思了一個人與其造物主直接溝通的景象，而他所瞭解的其他城市裏的居民是無法對這一想法表示贊同的。在反對專制政府和腐敗貴族特權的過程中，許多十八世紀的啟蒙思想家將開明君主視為改革過程中的盟友。但是，盧梭和同時代的啟蒙思想家不同，他對於開明專制的前景並不抱有太大信心。然而，出於對書刊審查制度的恐懼，狄德羅、伏爾泰等其他人在自己積極投身的事業上表現得相對緩和，他們開始以匿

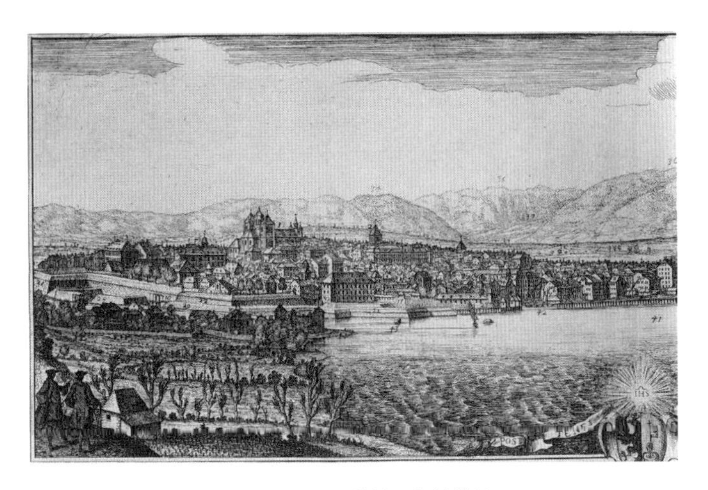

圖1　1720年左右日內瓦的景色，羅伯特・加德勒繪

名的方式發表自己的作品。而盧梭會抓住每一個可能的機會在自己的作品上署名「日內瓦公民」，直到他確信自己的同胞們已經無可救藥地徹底迷失後，他才停止這麼做。啟蒙運動中沒有哪個重要人物能像他這樣，如此敵視政治文明發展路線，而又為自己的政治身份感到如此驕傲。

盧梭的母親生下盧梭後便撒手人寰，因此，養育盧梭的重任落在他父親的身上。盧梭的父親是一個富有浪漫氣質但脾氣暴躁的鐘錶匠，他激發了盧梭對自然和書籍的熱愛，尤其是對經典名著和歷史的熱愛。盧梭從來沒有接受過正規教育，似乎為了彌補這一不足，他偶爾會用冗長的腳註來註釋他作品中所引用的文獻，而他同期受過良好教育的作家幾乎很少費心引經據典。不過，盧梭的母親繼承了大量藏書，他博覽群書的父親以頗具修養的方式鼓勵少年盧梭，因而使他迷戀上了文學。後來，盧梭在《懺悔錄》中提到這種修養，他認為這是日內瓦工匠區別於其他國家工匠的獨特之處。盧梭對出生地的摯愛很大程度上也沿襲自他的父親，他父親告訴他「四海之內皆兄弟」，以及「喜悦和天堂支配一切」。至少有兩本盧梭的重要作品——1758年的《致達朗貝爾論戲劇的信》和1764年的《山中來信》主要講述了他出生城市的文化或政治體系。他還曾經評論自己所寫的《社會契約論》描述的是自己國家的崇高原則。在盧梭的所有作品中，沒有哪本像《致達朗貝爾論戲劇的信》這樣詳盡描繪他的政治友愛觀。他在書中回憶了一個日內瓦兵團在露天舉辦歡慶活動，這激發了當時還是孩子的盧梭的想像力。[1]

然而，盧梭對自己的父親以及出生地的眷戀並沒能讓他克服失去母親的痛苦。在他年僅十五歲時，經介紹認識了一位瑞士男爵夫人——華倫夫人，她住在薩沃伊公爵領地的阿訥西，位於日內瓦的西邊。二十九歲的年輕的華倫夫人已經從事使新教難民改宗天主教的事業。她熱情地把盧梭帶進了她的家以及她

1 《全集》第五卷，第123–124頁；《致達朗貝爾論戲劇的信》，第135–136頁。

的懷抱，而華倫夫人的這種熱情恰巧與盧梭的狂熱不謀而合。在接下來的十年內，他成了她的情人，也是她的學生。他們先後住在阿訥西、尚貝里，最後住在田園詩般寧靜的謝爾梅特山谷。在她的指導以及她的資助者和告解神父的幫助下，盧梭完成了自己的學業，尤其是他之前知之甚少的哲學和當代文學，並由此開始考慮將寫作作為自己的職業。此外，盧梭在一定程度上受華倫夫人敬虔主義熱情激發，對神及其創造的奇跡產生了依戀，從而導致他的宗教信仰有別於同時代大多數啟蒙思想家，他們或者是無神論者，或者是懷疑論者，但都對盧梭的狂熱表示質疑，認為這和他們想要推翻的教會是屬於同一類型的神秘迷信。在盧梭和華倫夫人成為情人的這段時期以及之後的歲月裏，盧梭都稱呼華倫夫人為媽媽，因為華倫夫人擁有甜美、優雅、美麗的特質，而這些特質是失去母親的孩子渴望在之後所有令其着迷的女性身上找到的。

盧梭大約從1745年起直至去世，一直和泰蕾茲·勒瓦瑟生活在一起並與其結婚。泰蕾茲·勒瓦瑟並沒有那麼迷人，而且受教育程度也較低。雖然泰蕾茲·勒瓦瑟的清純一開始吸引了盧梭，但她始終未能從盧梭那裏獲得他給予華倫夫人那樣的深情。他從他生命中最為重要的兩位女性那裏獲得母性關愛和性滿足，但他永遠無法容忍擁有自己的家庭。他拋棄了和泰蕾茲生的五個孩子，把他們送進公立育嬰堂，命運未卜。盧梭後來聲稱自己太窮了，沒法妥善地照顧自己的孩子，他對孩子的所作所為讓他非常悔恨和羞恥。讀者們肯定非常想知道他是如何寫出像《愛彌兒》這樣關於兒童教育的崇高論文的。《愛彌兒》在某些方面或許可以被解讀為一部關於個人救贖的作品。直到今天，他拋棄自己孩子的行為比他的其他任何特點都更為影響他在大眾心中的形象。

事實證明，盧梭也沒有像關心華倫夫人那樣關心泰蕾茲的需要。在1750年代，泰蕾茲陷入了極度的經濟困境，甚至被迫登記為貧民。1762年夏天，在她即將離開人世的時候，她依然沒有擺脱貧困，也沒有跟盧梭聯繫。而那時，盧梭正由於自己的作品而被法國和瑞士的宗教和世俗統治者譴責，陷於對自身安危的焦慮中。在1778年4月12日聖枝主日，也就是盧梭去世的幾周前，他寫下了人生中最動人的篇章之一——《一個孤獨漫步者的遐想》中的漫步之十。在這一章中，他回想自己初次遇見華倫夫人已經是五十年前了，他們彼此的命運已經交織在一起，在她的懷抱裏他享受到了孤獨人生中一段短暫而溫柔的時光，沒有艱難困苦、沒有紛繁雜亂的情緒，因為這段時光，(他)才認為(他自己)真正活過。[2]

在盧梭二十多歲的時候，他終於開始在世界上擁

2　《全集》第一卷，第1098–1099頁；《一個孤獨漫步者的遐想》，第153頁。

圖2　泰蕾茲·勒瓦瑟的剪影

有一席之地，當時他主要依靠給人補習和譜寫樂曲維持生計。他下決心要用一部喜劇——《納西塞斯》和一套全新的樂譜體系征服巴黎。1742年到達巴黎後不久，盧梭結識了狄德羅。狄德羅與盧梭年齡相仿，背景相近，擁有相似的抱負，從而成為盧梭接下來十五年內最親密的夥伴。他們兩人的性情並不一樣，狄德羅更為儒雅、和藹，盧梭更為敏感、真摯，但他們在戲劇、科學尤其是音樂上擁有共同的興趣。在狄德羅與達朗貝爾擔任《百科全書》聯合主編時，盧梭接受委託，撰寫了大部分關於音樂的文章以及一篇關於政治經濟學的文章。在1749年《論盲人書簡》出版後，狄德羅在萬塞訥的監獄被短暫拘留了一段時間。盧梭幾乎每天都來探望他，並懇求當局釋放他的夥伴。有一天，他從巴黎的寓所出發前往監獄的途中，偶然發現了一則關於有獎徵文的競賽通知，主題為藝術和科學及其對人類道德的影響，從此改變了他的人生軌跡。盧梭熱衷於反對文明，這一觀點構成了《論科學與藝術》的核心內容。狄德羅起初跟盧梭擁有同樣的熱情，但僅僅是因為他主編的藝術與科學辭典的主要撰稿人也試圖不斷地質疑科學和藝術，這一具有煽動性的想法讓狄德羅非常感興趣。後來，狄德羅開始擁護自己激進的道德觀念，其中很多觀念仍然和盧梭有着驚人的相似之處，儘管他一直對盧梭持否定態度的一個觀點堅信不疑：知識和文化的演變只要源於符合人類天性的真正好奇心，就會帶來人類行為的進步。

1743–1744年間，盧梭被任命為法國駐威尼斯大使，因而他暫時結束了在巴黎的逗留。年輕的時候，盧梭拜訪過都靈，並在那裏學習了意大利語。他喜愛意大利音樂，經常聆聽，並對其自然和直接的表現方式表達出強烈的熱情；他在欣賞結構精緻的法國音樂時，也絲毫無法減淡對意大利音樂的熱情。在都靈，他發現為彌撒儀式伴奏的華麗的管弦樂表演比在日內瓦教堂裏被當作音樂的簡樸的讚美詩更具有吸引力；在威尼斯，他也熱衷於通俗音樂和本地音樂，街上和酒館裏的流行曲調一點都不比舞台上的音樂遜色，同樣令他陶醉。他返回巴黎後，將意大利歌劇和法國歌劇進行比較，認為意大利歌劇更勝一籌。他認為法語欠缺音樂表現力，法國聲樂風格通常缺乏清晰的旋律線，而且過多的表面裝飾和和聲的點綴導致音樂拖沓。

盧梭在十八世紀中葉與當時著名的作曲家、音樂理論家拉莫的爭執正是源於這樣的主題。1753年，盧梭寫了《論法國音樂的通信》，事實證明這是他引發爭議最大的作品，因為這部作品，他對音樂的思考被視為具有煽動性，他的肖像被反對者吊起來以洩憤。盧梭自己在《懺悔錄》[3]中聲稱，《論法國音樂的通信》也是唯一一部曾經遏制了法國政治暴動的作品。1753年11月，君主一派對巴黎最高法院的地方法官進行驅逐，這一全國性的危機也激化了詹森主義者和耶穌會會士之間的矛盾，造成了極大的動亂。但盧梭堅持認為，這並不是他的作品所激發的，他的作品只是將一場原本針對國家的潛在革命，轉變成了一場針對他的革命。矛盾的是，事實證明，《論法國音樂的通信》是盧梭唯一一部贏得啟蒙思想家普遍認可的作品，他們也懷着和盧梭相似的熱情加入了推行意大利音樂的行列。1752年盧梭創作了歌劇《鄉村卜者》，這部作品以意大利音樂風格創作，受到了廣泛的稱讚，甚至被格魯克和莫扎特模仿並超越。1767年盧梭的《音樂辭典》出版，其中大部分內容都源自他為

3 《全集》第一卷，第384頁；《懺悔錄》，第358頁。

LE DEVIN
DU VILLAGE
INTERMÉDE
RÉPRÉSENTÉ A FONTAINEBLEAU
Devant leurs Majestés
les 18. et 24. Octobre 1752.
ET A PARIS PAR
l'Académie Royale de Musique
le 1er. Mars 1753.
PAR
J. J. ROUSSEAU.
Prix 10th. 4s.
Avec l'Ariette ajoutée par Mr. Philidor, chantée par Mr. Caillot.
A PARIS
Chez Le Clerc, Ruë St. Honoré, entre la Ruë des Prouvaires, et la ruë Dufour à Sainte Cecile.
Et Aux Adresses Ordinaires.
AVEC PRIVILEGE DU ROY. Imprimé par C.

圖3 《鄉村卜者》的雕刻版扉頁(巴黎，1753年)

《百科全書》撰寫的文章，他對於自己早先關於音樂和話劇的想法進行了更加深入的闡述。而在1760年代早期完成的《論語言的起源》中，盧梭在上述想法中加入了他的歷史哲學思想，認為古典拉丁語比當代法語更具有音樂活力，古代共和國的公民擁有更多的美德和自由，他們以開放式的音樂表達了他們兄弟般的情誼，而這種音樂在君主統治的當代主題中已經不再流行了。

在盧梭的《懺悔錄》中，他提到他在威尼斯發現「一切都歸源於政治」，因此「一個民族的面貌完全是由其政府的性質所決定的」。[4] 他堅信，人天生並不邪惡，但往往由於差勁的政府滋生了邪惡，從而導致人變得邪惡。如果一切都取決於政治，那麼日內瓦同胞的正直品格，以及曾經輝煌的威尼斯共和國民眾的道德敗壞，都可以追溯到同一個根源。在威尼斯居住過一段時間後，盧梭回到當時最大的君主國的首都巴黎，因此他可以比較三個截然不同的政體在塑造其民族性格上所產生的影響。盧梭在1749年起草了《論科學與藝術》，這讓他第一次有機會集中闡述了他關於文化衰落和罪惡的政治根源的觀點。他在書中提出，雖然我們的祖先是強健的，但啟蒙運動帶來的過度奢侈耗盡了我們的活力，使我們受制於文化的桎梏。斯巴達因為擺脫了藝術和科學的粉飾而成為一個持久的

4　《全集》第一卷，第404頁；《懺悔錄》，第377頁。

強國；雅典，這個代表古代最高文明的國家，卻無法阻止自己的衰落，淪落為專制統治的國家，而羅馬以及其他帝國的日益強大，都同時伴隨着軍事和政治實力的衰減。盧梭評論稱，無論在何處，「藝術、文學、科學都把花冠點綴在束縛着人們的枷鎖之上」。[5] 他之後的作品雖然囊括了很多其他主題，但他的「知識源於感覺經驗」這一觀點此後成了其哲學理論的基石。受古代智者學派的啟發，並由馬克思和尼采重新修改，這一原則也成了後現代主義批判啟蒙時代的普遍核心思想。

盧梭的「一論」[6] 在他所參加的文學競賽中獲獎。幾乎一夜之間，這部作品所引發的爭論使他從一個即將步入中年、默默無聞的文人變成了現代文明中最飽受鞭撻的名人。導致這部作品臭名昭著的一個主要原因是，它顛覆了十八世紀人們對於美德與醜惡之間史詩般鬥爭的普遍觀點。伏爾泰在其《哲學通信》及其他作品中，代表他那個時代許多支持啟蒙思想的人們發表了看法，他認為學習和科學的發展能夠帶來美德，並描繪了在現代歐洲從數百年迷信和無知的黑暗中慢慢覺醒的過程中，人類行為的逐步改善。狄德羅與達朗貝爾在構思《百科全書》時，基本遵循了同樣

5 《全集》第三卷，第7頁；《〈論文〉及其他早期政治著作》，第6頁。

6 即《論科學與藝術》。——編者

的思路。相比之下，盧梭似乎在頌揚原始黃金時代的價值，從那個時代往後，人們由於盲目崇拜知識的慾望而墮落，並丟失了優雅。他不僅給人以推崇原始、反對文化的印象，而且在那些跟他同時代的文明進步人士看來，他似乎忘記了基督教會作為當代世界人們痛苦和絕望的主要來源，也是由於古代世界的無知而強化了他所推崇的神秘主義，並因此具備了影響力。伏爾泰及其追隨者譴責了這種對人類未經教化的無知的幻念，他們指責盧梭放棄了他本應該堅持的政治和宗教改革事業，卻回到粗野的愚蠢狀態。雖然對盧梭所提出的人性本質理論的評價在很多方面都相當離譜，但對他的哲學的核心原則之一給予了應有的重視，而盧梭也經常說這一原則是他的很多作品的指導線索——雖然人類的造物主創造了一切美好的事物，但人類卻造就了腐朽和墮落。盧梭認為，邪惡是人類社會的獨特產物，雖然人類並非總是刻意為之。

在1750年代早期，盧梭主要專注於關於音樂的寫作，並應對一些批評家對其《論科學與藝術》的反對。這些批評家將他的注意力從文化的墮落轉移到政治和經濟因素的不利影響上，他應該感謝這些批評家，因為在盧梭看來，是他們重申了他在威尼斯所發現的真相。1753年秋，盧梭的歷史哲學理論得到進一步演進，他提出，人類道德敗壞的主要原因是對不平等的追求，而並非對奢侈的追求。他還指出，建立在私有財產制度上的權威關係是人類道德敗壞的主要原因。盧梭在他1755年的《論不平等》中提出，一些人以犧牲他人為代價，公開授權侵佔土地，這必然導致公民社會建立於欺詐和不公正之上。他是根據對人類歷史的推測來闡述這一論點的，其中他也試圖解釋家庭和農業的社會起源，並闡述了私有財產的不平等分配對不同類型政府的起源所起到的作用。在盧梭對歷史假想性的重建中，他對自己的政治和社會理論提出了幾點重要的見解，而這些是他之前從未闡述過的。他首次強調，我們道德敗壞的主要原因是私有財產制度，而並非對文化和知識的追求，並由此挑戰他之前從格勞秀斯、霍布斯以及後來普芬多夫和洛克那裏所理解的現代法學的基礎。啟蒙運動時期的其他思想家都沒有像盧梭這樣在他的「二論」[7]中如此直接地與傳統觀點進行對峙。十八世紀對人性早期觀點的批判也未能像盧梭一樣針對社會特徵提出進化演變這樣生動的設想。此外，在盧梭的這篇作品中，文明人身上原始性的抽象概念源於人類身體和道德特徵之間的二分性。他堅持認為，道德並非源於人性，而是來自社會中人性的改變，人與人之間的自然差異原本微不足道，但這種人性改變卻會帶來顯著不同的結果，從而讓我們的生活發生徹底的變化。他在《論不平等》中

7 即《論不平等》，全名為《論人與人之間不平等的起因和基礎》。——編者

指出，私有財產的建立非但沒有表現出人類天性中潛在的最好的一面，反而扭曲了人性，並將人類對榮譽和公眾尊重的追求變成了一種不光彩的、令人沮喪的競爭。事實上，他首次在文中提出的關於人類原始特徵的假設性描述，認為野蠻人更接近於其他動物，而並非文明人。這讓盧梭有機會去思考動物學的主題，以及我們與猿和其他靈長類動物之間的區別。他開始相信，人類不管怎麼樣都是自然界中唯一可以創造自己歷史的物種，而人類對能力的濫用致使其在社會中比其他所有生物都活得更焦慮、更痛苦。

盧梭的「二論」在各個領域對歐洲思想的發展產生了深遠的影響，但最初它對讀者的影響卻比不上《論科學與藝術》和《論法國音樂的通信》。對於之前與盧梭結盟的啟蒙思想家而言，這卻證實並加深了他們的擔憂——他的「一論」是其真摯信念的宣言，盧梭再也不能被視為啟蒙運動或進步的盟友了。對於盧梭本人而言，顯然他需要與他先前的一些朋友分道揚鑣，他一直都對無神論者和懷疑論者感到不安。盧梭僅在公眾面前才會略微收斂自己不合時宜的熱情，毫無疑問，這種熱情在一定程度上是受到華倫夫人的激發而產生的，他的一些巴黎朋友，甚至是狄德羅，感覺這是他自以為是和虛榮的表現。

1750年代中期，盧梭開始和他的同伴發生爭吵，並聲稱他再也無法容忍他們的道德自滿。起初，盧梭計劃返回日內瓦，但後來他又改變了遷居的想法，主要是因為伏爾泰決定在日內瓦定居。在兩次被關押進巴士底獄後，伏爾泰只想尋找一個避風港，以使自己可以更安全地追求自己的興趣，他也想尋求一個比普魯士國王腓特烈大帝的世界——一個刺刀比書籍更受推崇的地方——更宜居的環境。但是盧梭卻在伏爾泰對其家鄉的「侵佔」中，覺察到了險惡的動機，他擔心伏爾泰會把日內瓦同胞們的簡樸轉變為巴黎人的腐敗。這樣，當他回到自己的出生地，就會面對相同的致使其逃離法國的惡習。因此，他決定接受狄德羅的朋友德皮奈夫人的邀請，住進位於巴黎北部蒙特倫西森林中一座名為艾米特的鄉村別墅，德皮奈夫人曾經在很短的一段時間內是盧梭的資助者和最親密的知己，但是後來她成為所有熟知他的對手中最兇猛的一個。1756年4月9日住進艾米特以後，盧梭開始脱離幾乎所有自1740年代早期以來一直與之結盟的啟蒙思想家。很快，盧梭就和狄德羅發生了爭吵，狄德羅在這期間寫了一部戲劇——《自然之子》，在一定程度上探討了孤獨的負面影響，而這部作品在盧梭看來是一種個人的蔑視之舉。1756年，伏爾泰創作了關於自然法和1755年里斯本地震的詩，並在詩中嘲笑盲目信仰上帝並接受一切都本該如此的愚蠢行為。盧梭以一篇名為《天命書簡》的文章回應：上帝不應該為邪惡負責，伏爾泰所抱怨的人類苦難是由人類自己造成的。

圖4　德西雷繼戈蒂埃之後雕刻的艾米特景色

接着，伏爾泰又採用道德故事的形式對盧梭(以及萊布尼茨和蒲柏)進行了諷刺的回應，並將其命名為《老實人》(*Candide*)。

事實上到1758年，盧梭已經斷絕了與他以前夥伴的一切關係。在此一年前，達朗貝爾於日內瓦在《百科全書》第七卷寫了一篇關於日內瓦的重要文章，他在文中提出了在那個城市建立劇院的理由，認為這將提升這個城市的文化底蘊，從而提升其公民的道德修養。盧梭認為，達朗貝爾在創作這篇文章時曾得到伏爾泰的協助。他就劇院這一話題，構思了《致達朗貝爾論戲劇的信》，以反駁篡奪他基本人權的人，並與達朗貝爾直接對峙。他譴責舞台藝術與友愛精神相悖，這種友愛精神曾經相當普遍，而現在需要在他的家鄉重新弘揚。就像柏拉圖選擇在其正義之邦理想國中將荷馬神話中迷人但虛假的女神驅逐出去一樣，盧梭在《致達朗貝爾論戲劇的信》中，試圖保護日內瓦，不讓其淪陷於莫里哀那讓人不易察覺的諷刺中。莫里哀可以使用低劣的把戲，把虔誠的正直改變為偽善的惡作劇，從而使盧梭的同胞們痴迷於帶有狡詐意圖的戲劇，進而削弱了這個國家公民特有的樸素和熱情。

也是在他飛離巴黎之後的那段時期，盧梭寫出了《朱莉》，又名《新愛洛伊絲》的初稿，這是十八世紀晚期法國最受歡迎的小說。這一以書信體寫成的故事講述了飽經挫折的愛情與責任發生衝突而產生的磨難，這在一定程度上受到了理查森和普雷沃的小說的啟發，書中包含盧梭就浪漫的情感、溫柔的性愛以及田園般的質樸的一些最為抒情的段落。如果說《老實人》在某種程度上是伏爾泰以小說的形式對盧梭《天命書簡》的回應，那麼《新愛洛伊絲》的序言可以被視為《懺悔錄》的後記，而盧梭寫《懺悔錄》實則是針對伏爾泰。「偉大的城市需要戲劇，墮落的社會群體需要小說。」盧梭寫道，「我見證了我所處時代的道德，並發表了這些信。真希望我能生活在不得不將這些信扔掉的世紀！」[8]

同期，盧梭完成了他的作品《愛彌兒》，這部作

8 《全集》第二卷，第5頁；《新愛洛伊絲》，第3頁。

圖5　亨利．富澤利為自己的《論盧梭的著作與行為》所繪的卷首插圖，描繪了盧梭直指伏爾泰，跨越人性，將正義和自由置於絞刑架上（倫敦，1767年）

品和《新愛洛伊絲》篇幅相當，而且兩者間還存在一定的相關性，不僅僅因為《愛彌兒》也是一部小說。其開篇是對教育的論述，正文第一卷的開篇陳述了一個原則，盧梭在1750年代中期就提出了這一原則，並將其視為自己整體哲學思想的主要動力。「世間一切在我們的造物主手中誕生時，都是好的。當人類用雙手對其進行塑造時，一切都衰敗了。」[9] 他認為《愛彌兒》的核心主題是尊崇自然而非藝術的教育計劃。這樣的教育計劃允許孩子的衝動順其自然地發展，而非被迫改變和過早地被干預，也非通過訓誡、指令而使孩子受到外部的控制。盧梭在文中描述了遺傳對於個體精神成長的影響，這同時也反映了他在「二論」中表達的進化論觀點，即人類從野蠻到文明狀態的轉變。儘管《愛彌兒》描繪的大多是關於情感和性慾，而非理性和權威，但是，兒童在成長的過程中必須首先只依靠事物本身而非依靠別人，這一規則為人們提供了一個有別於過去的全然獨特的教育前景，而過去的教育必將導致人類的衰敗。在盧梭作品中，《愛彌兒》首先提出即使是在腐敗的社會，個人也可以實現某種獨立的形式。通過培養自力更生的能力，人們可以從社會的禁錮中解脱。從這個意義上說，該作品對於人類尚未實現的可能的發展前景展現出謹慎的樂觀態度，盧梭在之前的作品中從未表現過這樣的態度。

9　《全集》第四卷，第245頁；《愛彌兒》，第37頁。

毫無疑問，盧梭在語氣上的巨大轉變，一定程度上是因為受到自己成功擺脱巴黎社會束縛的啟發。

然而，根據盧梭在《懺悔錄》中的描述，他在新家中首先着手寫作的是《社會契約論》，這是他在威尼斯的時候就已經開始構思的作品，並決心將其編纂成他最經典的作品。真正理解社會契約原則的最好方式應該是對比「二論」中所敘述的有害契約準則，這樣的契約，在正確的解讀下，會實現而不是破壞公民真正的自由，並賦予公民法律上的平等，而不是讓公民屈從於他們的政治頭領。盧梭宣稱，自由和平等這兩個原則應該成為每一個立法體系的主要目標，《社會契約論》中的大部分內容都用以解釋為什麼應該如此。將道德和政治與我們生活中自然和生理的方面區分開來以後，盧梭提出，不同形式的自由適合不同的人。如果沒有政府，人自然是自由的，因為不受他人意志的約束，但這種自由僅僅是為了滿足人天生的衝動，政治社會的建立要求我們放棄這種自由；只有在政治社會中，我們才能實現公民自由或道德自由，前者使我們依賴於整個社會，後者使我們服從於那些表達我們集體意志的法律。在《社會契約論》中，盧梭聲稱國家可以作為實現自由的工具，只要國家的所有公民都同時擁有主權，只有這樣，才能真正稱為民眾自治。盧梭指出，只有當國家的每個公民都直接參與立法，他們才能共同監管那些試圖濫用權力的人。儘管與他同時代的不少人，如孟德斯鳩和伏爾泰，都對英國憲法中所強化的自由主義原則表示讚賞，但盧梭卻因此認為英國的議會制將人民的主權委託給他們的代表，這與維護選民的自由是衝突的。

在《社會契約論》出版後，盧梭於1765年起草了《科西嘉制憲意見書》，並在1771年前後撰寫了一篇關於波蘭政府的文章。這兩次都是由於當地政權尚未完全建立，盧梭應當地傑出公民的邀請，擔任他們的立法委員。如果當初科西嘉沒有遭受入侵，波蘭沒有被分割，那麼在十八世紀晚期，我們可能會見證社會契約的原則如何運用於實際國家的憲法中。盧梭聲稱，應該運用社會契約的原則，尋求政治理論和實踐的結合，後來法國大革命中他的崇拜者也持有相同的觀點，儘管他們採取的方式並不相同。盧梭將自己的哲學思想與柏拉圖和莫爾進行對比，並堅持認為，自己並沒有提出任何不切實際的烏托邦理想。相反，他的《社會契約論》是為了闡明一個接近家庭概念的理論基礎，尤其是日內瓦憲法，他相信，正是因為憲法被拋棄，才導致自己祖國現任當局對他的憤恨。[10] 這也是他第三部主要研究政治的著作——1764年所著的《山中來信》所闡述的核心論點之一。

然而，他的《社會契約論》的特別吸引人之處，卻是書中關於公民宗教的倒數第二章，這部分在他一

10　《全集》第三卷，第810頁。

圖6　盧梭的畫像，作者被歸為格勒茲

生中引起了最強烈的公眾憤怒。在這一章中，盧梭強調了宗教和政治基礎對於公民責任的重要性，公民基於這些，履行並熱愛自己的職責，並將其視為一種愛國的信仰，從而將公民團結在一起，共同獻身於一種全能、善良、寬容的神性。盧梭的這一觀點，在一定程度上是受到他深愛的馬基雅維里的啟發，從而導致盧梭與當時宗教和政治體制以及許多主要評論家之間產生了衝突。對於那些企圖改革舊制度的啟蒙思想家而言，盧梭的宗教狂熱似乎又一次背離了啟蒙運動的思想，並且是在理性時代剛剛降臨時，再次召喚盲目信仰。而另一方面，盧梭公開譴責基督教，他認為基督教最適合於殘暴的政府，這一行為同時激怒了教會和政治當局。此外，在與《社會契約論》幾乎同期發表的《愛彌兒》中，盧梭在《薩瓦牧師的信仰告白》一文裏針對與宗教相悖的自然哲學進行了最詳盡和最雄辯的論述，這使那些當局更感不快。

此後，盧梭再也未能逃脱譴責。《愛彌兒》和《社會契約論》在巴黎被禁止或被沒收，在日內瓦被燒毀。盧梭被迫逃離至另一座城市，而後又被逮捕。1762年，他發現自己成為在逃犯，與許多啟蒙思想家的無神論相比，他沒想到自己的主張竟引發如此強烈的官方反應，並被視為真正的基督教徒的顧慮。同時，他也沒想到自己的同胞未能成功地幫助自己。1763年5月，盧梭在絕望中放棄了日內瓦公民的身份，並在普魯士腓特烈大帝管轄下的納沙泰爾附近的莫蒂耶找尋到臨時的避難所。此後，他仍然無家可歸，常常不得不以隱姓埋名的方式出行，任憑那些保護他的人擺布，他有時懷疑這些人的真正目的是誘捕並詆毀他。其中一個保護者是大衛·休謨，他1766年1月親自陪同盧梭到英格蘭，並在那裏居住將近18個月，其中大部分時間在斯塔福德郡的伍頓地區。那時，盧梭深深懷疑有個國際陰謀將要詆毀其人格，因此給自己帶來了巨大的痛苦，同時給休謨帶來了很多不安。至少從1760年代中期開始，盧梭就受到妄想症的折磨，而現實中真正的迫害令其妄想症益發嚴重。

他在餘生中一直確信，他之前的啟蒙運動先鋒夥伴狄德羅、達朗貝爾、霍爾巴赫和格林在伏爾泰以及那些一直憎惡自己的貴族朋友的協助下，與他的政治敵人結成了聯盟，並構建了巨大的陰謀網以攻擊他。盧梭回到法國後，決定不再出版自己的作品。他的情緒只有在一人獨處時，在研究植物學時，以及與自然浪漫抒情的交流中才能尋得緩解，就像他最新出版的巨著《一個孤獨漫步者的遐想》中描述的那樣。這部作品被有些讀者認為是盧梭最偉大的傑作，在他死後與《懺悔錄》的第一卷一起被發表。1778年，盧梭來到位於巴黎北部的埃默農維爾，並再次接受保護，這次保護他的人是吉拉爾丹侯爵。那一年，盧梭死於中風，他的遺孀說「他隻字未留」[11]，並反駁了關於他自殺的毫無根據的說法。

儘管盧梭已經和主流啟蒙思想家漸行漸遠，但他在法國各地、日內瓦激進派圈子裏，尤其是在思想開明的歐洲周邊——意大利、蘇格蘭和德國仍然有許多熱情的追隨者，其中康德和歌德是他下一代或兩代崇拜者中最為傑出的。在法國大革命期間，當盧梭的《懺悔錄》手稿被呈交公會、他的遺體被隆重地運到巴黎時，他對十八世紀人們的生活和思潮的影響到達了頂峰。在盧梭那個時代，沒有任何人比他更清楚地表達了革命者對自由、平等和博愛原則的承諾，也沒

11 《盧梭書信全集》，第8344頁。

有任何人像他那樣完全獻身於人民主權的理想。人民主權在法國的實現標誌着舊制度的消亡。尤其在剛正不阿的羅伯斯庇爾的政治生涯中，包括他對聖職授予和教士神學的反對，他對愛國精神的推崇和對最高主宰的崇拜，以及其他許多方面，都可以找到他對盧梭學說最積極的實用性闡述。盧梭本人從來沒有主張過革命，他認為政治起義比他們原本想要治癒的疾病還要惡劣，他認為政治幾乎沒有可能拯救人類。但他預見了歐洲即將到來的危機和革命時代的到來，並希望這場危機能夠得以避免。盧梭死後十年，法國大革命開始了，儘管如此，許多領導人還是在盧梭的哲學熾焰的照耀下，起草了他們的計劃和憲法。由於這種聯繫，盧梭被斥為整個十八世紀最邪惡的思想家。法國大革命變質後，首先催生了雅各賓派恐怖統治，然後產生了波拿巴主義，根據他的批評者的說法，最終引發了現代極權主義的出現。

第二章
文化、音樂和道德的敗壞

盧梭在其《懺悔錄》中提到，1749年10月他在《法蘭西信使》中讀到一則關於第戎學院宣佈舉辦以「藝術和科學的復興是否有助於敦風化俗？」為題的徵文比賽的通告，將選出寫得最好的文章，當時，他驚愕得猶如遭受雷擊。他寫道：「當我讀到這則通告的時候，我看到了另一個宇宙，我變成了另一個人。」[1] 他當時停在一棵樹邊調整呼吸，精神進入幾近錯亂的狀態，在狂熱中看到了人性自然的善與社會秩序的惡之間的衝突。這一切激發了盧梭，並成為其日後主要作品的核心思想，儘管之後他回想起來，只有隱約的印象。盧梭在《論科學與藝術》中對這一觀點進行了最直接的表述，但他最終將其視為自己主要著作中最糟糕的作品之一。他失望地認為，這部開啟他文學生涯的作品，既沒有秩序、邏輯，也沒有結構，雖然它充滿了溫暖和活力，但在他自己看來，在他所有著作中，這一部是最為無力、最有失優雅的。[2] 他的批

1 《全集》第一卷，第351頁；《懺悔錄》，第327頁。

2 《全集》第一卷，第352頁；《懺悔錄》，第328–329頁。

評者很快也指出，盧梭的這一部作品最缺乏獨創性。

《論科學與藝術》的核心主題是，文明是人類之禍根，藝術和科學的日趨完善伴隨着人類的道德墮落。在我們獲得有教養的人所具備的技能和特點之前，以及在我們的生活模式被錯誤的價值觀和反常的需求所塑造之前，我們是「淳樸又自然的」。然而，隨着知識的誕生和傳播，我們最初的純潔由於詭辯的趣味與風俗、「道貌岸然的禮貌面紗」和那些時尚的「惡性裝點」而逐漸消亡，彷彿被退潮的潮水帶走一樣。[3] 盧梭認為，以前我們的祖先住在茅屋裏，除了神的認可外不追求其他東西，我們不得不感到遺憾的是，我們已經丟失了那個時代的樸素。最初，世界上唯一的裝飾是自然本身的雕琢，後來，那些一直與自然最為接近、最不受文化和學習束縛的文明，被證實為最充滿活力和生命力的。他觀察到，我們的藝術和科學並不能激發個人的勇氣和愛國主義精神，反而扼殺了人們對國家的忠誠以及保護國家免受入侵的力量。中國人的奇妙發明未能阻擋他們屈服於粗俗無知的韃靼人，聖人的博學顯然是毫無用處的；那些擁有美德卻未能掌握科學的波斯人可以輕而易舉地征服亞洲；德國和斯基泰民族的偉大牢固地建立在其居民的樸素、天真和愛國精神之上。[4]

3 《全集》第三卷，第8、10、21頁；《〈論文〉及其他早期政治著作》，第7–9、20頁。

4 《全集》第三卷，第11、22頁；《〈論文〉及其他早期政治著作》，最重要的是，與雅典相比，斯巴達的歷史表明，那些沒有虛榮文化遺跡的人類族群表現得更持久、更能抵抗暴政的罪惡。蘇格拉底是雅典最聰明的人，他告誡他的同胞們，他們的傲慢會帶來危險的後果。後來，在羅馬，卡托以蘇格拉底為榜樣，猛烈抨擊那些帶有邪惡誘惑力的藝術和炫耀性的虛飾，瓦解了其同胞們的活力。然而，他們兩個人的警告都沒有得到重視，在雅典和羅馬，開始流行一種完全華而不實的學習方式，並對軍事紀律、農業生產和政治警覺性造成不良影響。尤其是那個曾經被視為美德聖殿的羅馬共和國，很快就變成了墮落的犯罪舞台，慢慢地屈服於它早先用於控制蠻族俘虜的枷鎖。盧梭補充道，埃及、希臘和君士坦丁堡的古代帝國的崩潰也呈現出相同的衰敗模式，偉大的文明在科學和藝術進步的重壓下衰敗，這是一個普適性規則。[5]

然而「一論」沒有對此給出解釋，幾乎沒有勾勒出藝術和科學應該如何對人類道德的墮落全面負責。盧梭認為，一方面，科學的形成源於人的懶惰，每一門學科都源於懶惰帶來的不同惡習，例如天文學源於迷信，幾何學源於貪婪，物理學源於過度的好奇；另一方面，藝術各個方面都受到奢侈的滋養，而奢侈本

第10–11、20頁。

5 《全集》第三卷，第10–14頁；《〈論文〉及其他早期政治著作》，第9–13頁。

身是由人類的懶惰和虛榮心所催生的。盧梭認為，奢侈是一個重要的特徵，因為如果沒有藝術和科學，奢侈就很難蓬勃發展，而如果沒有奢侈，藝術和科學則永遠不可能存在。根據他的觀點，道德的瓦解一定是奢侈的必然結果，而奢侈又源於懶惰。懶惰、人類腐敗和奴役是人類所有文明歷史的典型特徵，而這一切是對人類竭盡全力想要超越快樂的無知狀態的恰如其份的懲罰，殊不知，如若能永遠維持快樂的無知狀態，這才是福報。[6]

在所有這些方面，《論科學與藝術》包含了關於歷史哲學的第一份重要聲明：明顯的文化和社會進步只會導致人類真正的道德退化，而這一觀點也成為盧梭作品中最核心的主題。但是在《論科學與藝術》中，關於歷史哲學的闡述仍然顯得初級且晦澀，它包含了至少三個關於人類腐敗過程和狀態的不同主題：第一，文中提出人類從最早期原始的純真狀態逐漸衰敗；第二，那些在藝術和科學上並不發達的國家，在道德上要優於那些發達的國家；第三，盧梭認為在文化進步的重壓之下，偉大的文明已然變得衰敗。對讀者而言，似乎不容易看清這些論點之間的一致性，尤其因為盧梭一方面對原始人類的生活方式表示稱讚，另一方面又對超越了野蠻社會的強大文明表示首肯。

6　《全集》第三卷，第15、17–19、21頁；《〈論文〉及其他早期政治著作》，第14、16–17、20頁。

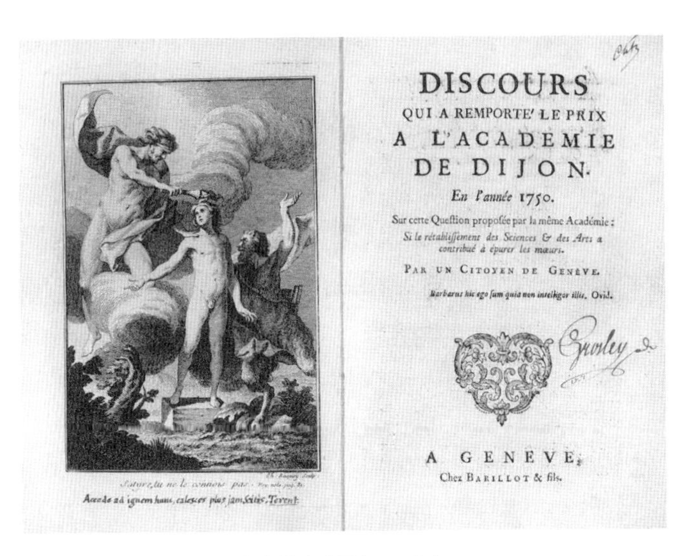

Satyre, tu ne le connois pas.
Accede ad ignem hunc, calesces plus jam satis. Terent.

DISCOURS
QUI A REMPORTÉ LE PRIX
A L'ACADEMIE
DE DIJON.
En l'année 1750.
Sur cette Question proposée par la même Académie:
Si le rétablissement des Sciences & des Arts a contribué à épurer les mœurs.
PAR UN CITOYEN DE GENEVE.
Barbarus hic ego sum quia non intelligor illis. Ovid.

A GENEVE,
Chez BARILLOT & fils.

圖7　《論科學與藝術》的卷首和扉頁（1750年）

另外，盧梭後來又提出了一個在人類歷史啟蒙運動時期非常流行的觀點，這一觀點認為，中世紀的野蠻和迷信延續了幾個世紀，從而阻斷了人類歷史的發展，讓人類進入了比無知更糟糕的狀態。在文末，盧梭甚至提出了一個全新的命題：造成人類不幸的根源並不是藝術和科學本身，而是庸人的濫用。他在觀察後得出結論，偉大的科學家和藝術家應該被委以重任，建造向人類精神榮耀致敬的紀念碑。他提出，我們這些普通百姓，應該接受命中注定的默默無聞和平庸，無須追求更多。很難理解為什麼盧梭認為這種觀點與針對藝術和科學的批判以及對無知、單純和人性美德的捍衛是一致的。[7]

盧梭也不清楚他所認定的文化進步對人類衰敗所造成的確切影響。他的論點似乎顯得相當簡單，他認為藝術和科學的進步是人類道德墮落的罪魁禍首，但他也認為藝術和科學是由人們渴望，甚至有些人很享受的閒散、虛榮和奢侈所滋養的。那麼，文化的進步是人類衰敗的原因還是後果？盧梭在作品中主要描述的是人類追求文化和知識的過程中不可避免地帶來的罪惡，但他同樣宣稱，人類的藝術和科學源於人類的罪惡。[8]如此看來，他似乎拿不定主意。

盧梭猶豫不決的原因之一可能是他論據中的很多內容都借鑒於早期的思想家，如孟德斯鳩、費奈隆、蒙田、塞內加、柏拉圖，尤其是普魯塔克。他閱讀了普魯塔克的大量作品，並在自己的文章中多處支持或總結了普魯塔克的觀點，包括：自然的力量高於人為的技巧，不平等給人帶來的壓迫感，以及文明帶來人類的衰敗。在《關於克勞迪亞斯和尼祿統治的隨筆》中，狄德羅後來評論說，「面對藝術和科學的進步，在盧梭之前，人類已經有上百次為無知而道歉」，他

7　《全集》第三卷，第6、22、29–30頁；《〈論文〉及其他早期政治著作》，第6、20、27–28頁。

8　《全集》第三卷，第17、19頁；《〈論文〉及其他早期政治著作》，第16、18頁。

圖8　狄德羅的肖像，凡盧繪

的觀點當然是正確的。但是《論科學與藝術》缺乏原創性並不僅僅因為它跟盧梭借鑒的其他作品具有相似的整體影響力，也不僅僅因為他的學術知識都是通過學習其他人的研究成果而獲得。例如，盧梭對賽西亞人的描述主要源於賀拉斯，對德國人的描述來自塔西佗，對巴黎人的勾勒來自蒙田，對斯巴達和雅典的對比源自幾個作家，尤其是波舒哀和歷史學家夏爾·羅蘭。文中模仿的特徵首先表現在盧梭用於表達其重要思想的詞語，經常是從權威人士那裏借鑒的。

除了大量明確標明來源的文獻之外，《論科學與藝術》中至少有一段引用了孟德斯鳩的《論法的精神》和波舒哀的《世界史通論》中的內容，卻沒有致謝。書中還有一些引用普魯塔克的《希臘羅馬名人傳》中的片段，以及至少十五處來自《蒙田隨筆》的摘要，其中只有幾處標明了出處，盧梭作品的最後一行也是改編自普魯塔克和蒙田的作品。1766年多姆·約瑟夫·卡若發表的《盧梭的剽竊》或許說得過於嚴重了，而且其中控訴的大多數罪名都不成立，但《論科學與藝術》的確是盧梭所有著作中唯一引發此類懷疑的。儘管其論點相當尖銳，但沒有特別針對其他作品，盧梭在使用其他文獻的時候，主要是概括其中的觀點，而不是為了強調自己的觀點。他的「一論」和「二論」在這一點上的區別非常明顯，因為在《論不平等》中，他是為了駁斥書中提到的大多數人物，而在《論科學與藝術》中，他只是使用他個人更有力的表述方式，反思了前人已經提出的不同觀點。盧梭的第一部重要著作闡述了他將終生擁護的歷史哲學，至少他的同代人開始意識到這是他最核心的學說。這部著作印刻着他作為「日內瓦公民」的標誌，他宣告了自豪的出身和作者身份。但就其文學生涯而言，這部作品是他最沒有特點、最不符合他個性的成就。

儘管如此，盧梭在作家之路上的發展，很大程度上要歸功於《論科學與藝術》發表後立刻引發的爭論，而且爭論一直持續了至少三年。在那場爭論的過程中，他試圖證明自己的作品是正確的，那些批評者是錯誤的。他收集、闡述並完善了他最初的主張，從而讓這些觀點常常有別於最開始的構想。他並未回應所有的詆毀者，但他試圖反駁至少六個他留意到的作品。幾個針對他的批評者指責他未能指明人類道德淪喪的確切點，因此，他讓人覺得他推崇歐洲幾個世紀的野蠻狀態，而不贊成隨後發生的科學復興。一些人譴責他總體上缺乏學識，這體現在他對古賽西亞人殘酷本質的誤解，以及他忽視了之前他稱讚的一些人物，比如塞內加。他相信文學增進而非削弱人的美德。針對這些指控，盧梭在「給雷納爾神父的信」中特別反駁道：他是為了提出一個關於藝術及科學進步和道德衰敗之間關係的一般性論點，而不是追蹤任何特定的事件，因此，這些批評者誤解了他作品的目的。[9]

盧梭在《論不平等》中進一步闡述了這一普適性的主題，在文中，他將注意力從古代世界無瑕的文明轉移到原始人類的本質以及非常久遠的遠古時期，甚至沒有歷史研究可以揭示那段時期的真正特點。在《論科學與藝術》發表以後，盧梭逐漸變得更加關注人類墮落的最終根源，而更少關注不同文化中人類墮落所呈現出的獨特表現。然而，矛盾的是，當他逐漸將目光投向我們最遙遠的過去時，他的論據卻來自日益現代化的世界，早已佔據這個世界的實際上是逃脫了人類歷史苦難的野蠻人，而並非古代的英雄和聖賢。到1750年代中期，他對普魯塔克受人尊敬的作品《希臘羅馬名人傳》的推崇有所衰減，取而代之的是他對《大航海歷史》的全新熱情，後者是由《曼儂·萊斯科》的作者阿貝·普雷沃所編輯的。盧梭觀察到，人的本性和文化之間的分歧越來越敏銳和鮮明，他用來描述這些分歧的論據也越來越敏銳和鮮明。在他早期社會理論的發展過程中，他對整個人類思辨困境的洞察之廣很快就彌補了他歷史學識的不足。

《論科學與藝術》的一些批評者還指責盧梭生動描繪了一個古老黃金時代的懷舊幻想，這個幻想的時代只存在於神話和詩歌中，從未在現實中存在過。

---

9 《全集》第三卷，第31–32頁；《〈論文〉及其他早期政治著作》，第29–30頁。

對於這一異議，盧梭特別回應了博爾德1751年發表的《論藝術與科學的優勢》：古老黃金時代並不是歷史幻象，而是一個哲學抽象概念，美德的概念本身比古老黃金時代更為虛幻，對於瞭解自我和獲得幸福同樣重要。[10] 他沒有把過去和現在的歷史時代放在一起，從而鼓勵人們拯救那些人類的美德或已然丟失的遠古時代的純真。在他兩部源於《論科學與藝術》的作品——寫給波蘭斯坦尼斯瓦夫國王的「觀感隨想」和他的劇本《納西塞斯》的前言中，他指出，一個人一旦腐敗，就再也無法回到品德高尚的狀態，這是他這一生中一直持有的觀點。而且，數學家和歷史學家約瑟夫·戈蒂埃率先指出盧梭已經成為一個捍衛無知的衛道士，一個相信文化應該被摧毀、圖書館應該被燒毀的衛道士。盧梭對此尤為生氣。我們當然不能讓歐洲重新陷入野蠻狀態，盧梭回應道，他也沒有主張摧毀我們的圖書館、學院或大學，當然更不會破壞社會本身。[11] 讓文明人回歸自然狀態，恢復到純真、不知罪惡為何物的狀態，是不可能的。在批評家對《論科學與藝術》提出異議後，盧梭一直強調，道德正直的公民必須努力腳踏實地地活在這個世界上，而不是活

10 《全集》第三卷，第80頁；《〈論文〉及其他早期政治著作》，第71頁。

11 《全集》第二卷，第971–972頁；《全集》第三卷，第55–56、95頁；《〈論文〉及其他早期政治著作》，第50–51、84–85、103頁。

在幻想的遠古樂園中。他在人生最後一段時期，信奉另一種獨處以及與自然交流的方式，但他並不推薦現代國家中幻想破滅的人們採用同樣的方式。他仍然堅持認為他的思想並非烏托邦式的空想或者帶有暴力的暗示。

批評者提出反對意見的力量給盧梭留下了深刻印象，他偶爾也會因此修改或放棄他理論中的某些獨特觀點。因此，斯坦尼斯瓦夫國王挑戰盧梭描述的美德和無知之間的關係，理由是盧梭所讚賞的那些沒經過教育的人，有時候是殘酷的，而並非無害的。盧梭接受了這一觀點，並提出區分兩種無知，一種是可憎、可怕的，一種是溫和、純潔的。[12] 但是，由於盧梭沒有進一步闡述，這一回應讓人很難信服。在他後來的著作中，他不再像之前那麼決然地把原始人類的道德純真僅僅歸結於他們缺乏知識。1740年代早期，盧梭結交了哲學家查爾斯·博爾德。查爾斯聲稱《論科學與藝術》的作者對未開化民族的軍事力量表示讚揚，這一觀點相當不明智，他們野蠻的征服行徑證明了他們的不公正，而並非無辜。盧梭很快就同意了這一觀點，認為互相摧毀並非我們注定的命運。[13] 雖然盧梭

12 《全集》第三卷，第53–54頁；《〈論文〉及其他早期政治著作》，第48–49頁。

13 《全集》第三卷，第82頁；《〈論文〉及其他早期政治著作》，第72頁。

一開始就表示，為了征服而戰與為了捍衛自由而戰並不相同，但他再也沒有像他在「一論」中那樣使用光輝的色彩來描繪軍事上英勇作戰的典範。受馬基雅維里的啟發，盧梭並沒有放棄他的信仰，仍然認為羅馬共和國的自由是由其民兵所維持的，但是在之後的《論不平等》中，他把所有的戰爭都描繪成罪惡的、兇殘的、可恨的、對於戰鬥者而言是毫無意義的。

雖然盧梭對其評論家做出了一些讓步，但他將其他的指控轉化並用於更有助於自己理論發展的地方。這尤其體現在他回復斯坦尼斯瓦夫和博爾德的主張：人的道德退化是由於財富過剩，而並非因為知識；同時也體現在他對博爾德關於國家衰落最終只有可能是由於政治原因的觀點的回應上。盧梭在「觀感隨想」中承認，不同的習俗、氣候、法律、經濟和政府(由於達朗貝爾反對1751年盧梭在《百科全書》「緒論」中提出的觀點，而引發了大眾的注意)，所有這些必然都在人類道德特徵的形成中發揮着作用。[14] 此後，他更直接地指出了這些因素的影響。例如，他在1752年對博爾德的「最後的回應」中指出，之前他譴責奢侈是我們墮落的主要原因，而奢侈本身主要是由於現代世界農業的衰落。[15] 在同一文本中，盧梭隨後又首次

14 《全集》第三卷，第42–43頁；《〈論文〉及其他早期政治著作》，第39頁。

15 《全集》第三卷，第79頁；《〈論文〉及其他早期政治著作》，第70頁。

在自己的作品《納西塞斯》的前言中引發了人們對私有財產的罪惡影響的關注。在「最後的回應」中，他主要探討了所有權的概念，以及這一概念在現實中所引發的地球上主人和奴隸之間的殘酷區分，他在很大程度上是為了挑戰博爾德的論點——人類在最原始的狀態下便已是兇猛、好鬥的。「在你的和我的這樣可怕的語言出現之前」，他聲稱，「在有人餓死時，還有人仍然渴望得到奢侈品」，在這樣醜惡的人出現之前，他想知道我們的祖先究竟有哪些罪惡。[16] 在《納西塞斯》的前言中，盧梭轉而集中論述了野蠻人的道德特質明顯優於歐洲人這一事實，因為野蠻人並不會受到貪婪、嫉妒、欺騙這些惡習的影響，而這些惡習在文明世界裏必然會讓人們互相蔑視並彼此為敵。盧梭表明：「財產這個詞在野蠻人那裏幾乎沒有任何意義」。他們在這方面沒有利益衝突；沒有什麼能驅使他們像貪婪的文明人那樣總是互相欺騙。[17] 這兩段文章是回應那些針對《論科學與藝術》的評論者的，因此，我們可以在其中找到盧梭最早關於主要論點的陳述，後來他在《論不平等》中，以挑戰洛克的財產理論的形式，對其主要論點進行了詳細闡述。

---

16 《全集》第三卷，第80頁；《〈論文〉及其他早期政治著作》，第71頁。

17 《全集》第二卷，第969–970頁；《〈論文〉及其他早期政治著作》，第101頁。

盧梭那時也開始更為密切地關注政治因素的作用。當代社會的罪惡在之前已經被很多人描述過，他在《納西塞斯》的前言中也對此進行了表述。其他人發現了問題，而盧梭卻實際上發現了其原因。他在1753年發現了一個重要事實，即我們所有的惡習最終並非源於我們的本性，而是由於政府糟糕的統治方式。[18] 兩年後，他在《政治經濟學》中再次提出了同樣的觀點，他在其中指出，「從長遠來看，人民是由政府塑造的」。[19] 在接下來的十年裏，他在《致博蒙書》中宣稱，文明人的假冒行為是由我們的「社會秩序」造成的，它對我們的本性施加暴虐。[20] 1770年左右，他在《懺悔錄》中表明，這一原則的真理早在三十年前就已經很清楚了，當時他還在威尼斯逗留，他目睹了這個國家政府的缺陷對其民眾帶來的可怕後果。

因此，盧梭在《納西塞斯》的前言中首次闡述了這一觀點，之後他又在不同的文章中以不同的方式進行了詳細的闡述，並成為他生活和工作中的重要內容。

關於錢財富貴造成我們的道德淪喪，盧梭很快表明自己只同意斯坦尼斯瓦夫和博爾德的部分觀點。1750年代早期，在一些零散的作品中，尤其在一篇關

18 《全集》第二卷，第969頁；《〈論文〉及其他早期政治著作》，第101頁。

19 《全集》第三卷，第251頁；《〈社會契約論〉及其他晚期政治著作》，第13頁。

20 《全集》第四卷，第966頁。

於「奢侈、商業和藝術」的短文中，盧梭認為，人類的貪婪是渴望自己優於同胞的表現，所以黃金在人類事務中的引入，必然不可避免地伴隨着分配不均，並由此產生了貧窮這一問題以及富人對窮人的羞辱。[21] 但是，即使認識到財富積累在人類道德腐敗中所起的作用，他還是堅持認為，這不是導致我們道德衰退的主要原因。相反，正如他在「觀感隨想」中所宣稱的，財富和貧窮是相對的，這反映了社會不平等的程度，而並非決定了社會不平等的程度。重新排列盧梭在《論科學與藝術》中描述的惡習宗譜，他現在提出，在我們腐敗的可怕秩序中，最需要關注的是不平等，其次是財富，而財富讓奢侈和懶惰的增長成為可能。奢侈和懶惰一方面促進了藝術的發展，另一方面，又促進了科學的發展。[22] 這是盧梭的全新論點，把藝術和科學放在最後，而不是像他的評論家所認為的那樣放在首位。

盧梭觀點的改變，至少有部分原因可能在「觀感隨想」和《納西塞斯》的前言中找到。他提出，雖然文化進步導致我們產生了一大堆惡習，但在文明社會中，從根本上讓我們道德淪陷的是我們渴望通過知識而變得出類拔萃，而並非想獲得有學問的人的成就。

21 《全集》第三卷，第522頁。

22 《全集》第三卷，第49–50頁；《〈論文〉及其他早期政治著作》，第45頁。

他聲稱，我們對文化的追求高於一切，表現了我們要跟同胞區別開的決心。盧梭在兩個地方簡要提及《論科學與藝術》中描述的「追求顯赫的風靡」，回顧了費奈隆對十八世紀初期在法國發酵了三十多年的古今之爭所做的主要貢獻。促使我們製造先進社會的手工製品和設備的，並非我們對卓越的追求，而是因為我們希望得到他人的尊重。因此，文明似乎只是實現了我們試圖建立的不平等的社會尊重。[23] 盧梭認為，除非每個人的天資大致相同，否則道德美德不可能真正存在。他在「觀感隨想」中表示，我們唯一可以與腐敗抗衡的保障，是最初的平等，而這一平等現在已經不可挽回地丟失了，這曾經讓我們保持純真，也曾經是美德的真正源泉。[24] 因此，他總結説，我們對藝術和科學卓越的追求與人們希望在政治中佔主導地位的渴望一樣，因此他很快便在《論不平等》中專注於對這一觀點的闡述。

因此，盧梭在所有這些方面對關於《論科學與藝術》的批評的回應，讓他獲得了更多政治、社會及經濟相關的論點，他在「二論」及後續作品中對這些論點繼續進行了闡述。然而，他從未放棄早期關於藝術

23 《全集》第二卷，第965頁；《全集》第三卷，第19、48頁；《〈論文〉及其他早期政治著作》，第18、43–44、97頁。

24 《全集》第三卷，第56頁；《〈論文〉及其他早期政治著作》，第50–51頁。

和科學是造成人類腐敗的重要原因這一觀點。相反，在圍繞《論科學與藝術》的爭論中，他即使在延展自己的論點以兼顧其他因素的同時，仍不斷重申自己在獲獎論文中提出的主張，即虛榮、懶惰、奢侈和文化之間的相互關係。盧梭的批評者克勞德·尼古拉斯·勒卡特是一位解剖學和外科教授，也是魯昂學院的常務秘書，他要求盧梭更精準地指出哪些文化領域更應該受到指責，從而為盧梭提供了一個拓展其思路的全新方向。勒卡特高呼，盧梭肯定不會建議將音樂納入那些導致我們墮落的藝術和科學學科之列，他相信作為《百科全書》音樂主題的主要貢獻者，盧梭一定比其他任何人都更清楚這門藝術多麼有用且有益，至少應該成為他總體論點中的例外。

勒卡特的假設與事實相去不遠。1753年，「喜歌劇之爭」最為激烈的時候，關於佩爾戈萊西的《女僕作夫人》和意大利喜歌劇的爭論，將巴黎歌劇院和法國宮廷劇的觀眾分成不同音樂派系。盧梭發表了《論法國音樂的通信》，這引發了比三年前的《論科學與藝術》更大的抗議風暴。盧梭提出，有些語言比其他語言更適合音樂，因為它們的元音更悅耳，聲調更柔和，修辭更有韻律。他聲稱，這些語言，尤其是意大利語，能夠表現出清晰的旋律，適合用於歌曲的表達；其他的語言，比如法語，其特點是缺乏響亮的元音，輔音太粗糙，無法唱出悅耳的音調，因而那些使

LETTRE

SUR

LA MUSIQUE

FRANÇOISE,

Par J. J. ROUSSEAU.

Sunt verba & voces , prætereaque , nihil.

DEUXIÉME ÉDITION.

M. DCC. LIII.

圖9　《論法國音樂的通信》第二版扉頁（巴黎，1753年）

用這些語言的作曲家不得不用和聲伴奏的刺耳聲音來修飾他們的音樂。由於在未經修飾的歌曲裏沒法清晰地唱出法語的發音，所以盧梭在文末總結道，如果法國人想要尋求一種他們自己的音樂形式，那對他們而言更糟糕。在發表這一煽動性的作品和這些中傷性的言論後，盧梭因其對公眾品位的侮辱而廣受譴責。如果說他的《論法國音樂的通信》並未激起法國民眾叛亂，那這也是他生平第一次成為法國政府的敵人。正如後來伏爾泰認識到的那樣，盧梭在政治上根本沒有他評論音樂那麼具有煽動性。

如果勒卡特能讀到盧梭最初起草的關於該主題的

這部分內容，他就會理解為什麼音樂並沒有與盧梭在《論科學與藝術》中表達的總體論點相悖。這部分內容最初是作為《論不平等》的一部分而起草的，但最終在1781年勒卡特辭世後，才作為《論語言的起源》中的兩章面世。相反，根據盧梭的說法，在音樂發展史中，人類道德的墮落體現得最為明顯。他在《論語言的起源》中提出，我們最初使用的語言可能出現在世界的南部地區，那裏氣候溫和，土地肥沃。這些語言一定具有節奏性和旋律性，應該像詩歌而不像散文，是用來唱的而非用來說的；總之，我們的祖先在第一次表達自己衝動的激情時，一定充滿魅力。[25] 但是後來在北方惡劣條件下出現的語言，首先是用以表達人的需求，而不是激情，因而沒那麼響亮，卻更尖銳。[26] 隨着一波蠻族入侵並最終征服地中海世界，北方人的喉音和斷音被優先採用，並取代了之前用以表達情感的流暢語調，原始語言所具備的甜蜜、得體和優雅都被丟棄了。[27] 盧梭聲稱，這種富有旋律的用語會被壓制，而我們的語言也逐漸被剝奪了最初的魅力。在蠻族統治和農業勞動的束縛下，單調的散文實

25 《全集》第五卷，第407、410–411、416頁；《〈論文〉及其他早期政治著作》，第278、282、287頁。

26 《全集》第五卷，第380、407–409頁；《〈論文〉及其他早期政治著作》，第253、279–281頁。

27 《全集》第五卷，第425–427頁；《〈論文〉及其他早期政治著作》，第296–298頁。

際上比詩歌更重要。隨着散文的出現，語言，尤其是法語、英語和德語的早期形式，都將變得平淡無奇。[28]

另一方面，當音樂中使用散文語言時，音樂會因為缺失語義成分而失去原有的感覺，只有哥特式創新的和弦才能讓音樂進一步發展，即將和弦的模式運用到人的表達方式中，從而產生了人為創造的愉悦，取代了方言歌曲本身具有的天然趣味。在這些壓力下，音樂變得比聲樂更有用，而音程的計算被靈巧的旋律變化所取代。[29] 散文只能在寫作中而無法在講話中得到優化，溝通不再具有表達力，而只有為了確認對方的感受時，才有必要查閱正確的語法規則和準確的字典詞彙。[30]

似乎是為了回應勒卡特對其歷史哲學的質疑，盧梭把他的論文的最後一章命名為「語言與政府的關係」，並宣稱與音樂分離的語言對自由有害。

他斷言，平淡的語言會激發奴性，而缺乏音調和節奏會使語言變得空洞，從而也造就了空洞的人。現代歐洲的語言已經變得僅適用於近距離的談話，就像那些無用的嘮叨，人們有氣無力地相互低語，聲音缺

28 《全集》第五卷，第392、409頁；《〈論文〉及其他早期政治著作》，第280–281頁。

29 《全集》第五卷，第424頁；《〈論文〉及其他早期政治著作》，第295頁。

30 《全集》第五卷，第386、415頁；《〈論文〉及其他早期政治著作》，第258、286頁。

乏音調，因而也沒有精神和激情。由於我們的語言已經丟失了其音樂的特質，喪失了原有的活力和清晰度，幾乎就像是沒有品格或意志力的人在輕聲嘀咕。如果說這是使用當代語言私下對話時的情形，那麼在公開演講時，則更讓人無法忍受。對於那些統治他人卻無話可說的人而言，當人們聚集在一起，毫無收斂地以難以理解的語言大聲疾呼對他們說教時，他們幾乎無能為力。統治者的宣言和牧師的禱告不斷地濫用我們的情感，使我們麻木。世俗及宗教騙子所傳遞的扭曲的說教和佈道，已經成為現代世界中最受歡迎的演講形式。[31]

盧梭總結道，語言的私人性和公共性準確地描述了我們的社會退化至完全墮落的狀態。對話變得隱秘，政治話語變得貧瘠，我們成為那些在講道壇上通過謾罵和佈道來統治的人的無言的聽眾，並借此成功地使我們原來大聲說話的方式跟上時代。實際上，由於不再需要這些扭曲的言論來將我們留在指定的位置，現代國家的統治者們已經正確地認識到他們不召集任何大會或集會也可以維護自己的權威。他們只需要將民眾的注意力引向他們可以相互交換的許多事物上，而不去關注他們仍想交流的想法上。曾經用來表達快樂的抑揚頓挫的聲音，其最新的表現形式現已被

31 《全集》第五卷，第428–429頁；《〈論文〉及其他早期政治著作》，第299頁。

重新定義為代表交易的術語。而“aimez-moi”(愛我)肯定是被“aidez-moi”(幫我)所取代，現在我們對彼此說的都是“donnez de l'argent”(給錢)。[32]在《社會契約論》第三冊第十五章，盧梭仍然堅持同樣的觀點，只是沒有涉及音樂的角度，而保留了政治的角度。

當然，除了勒卡特對《論科學與藝術》的反對之外，《論語言的起源》的寫作必然受到了其他更多的啟發。盧梭自己承認，《論語言的起源》原來是作為《論不平等》的一部分，但由於篇幅太長且內容也不大合適，便將其刪除了。1755年，他將其附加在對《旋律的原則》的研究之後，他起草《旋律的原則》，在一定程度上是為了回應拉莫對《百科全書》中關於音樂文章的批判，但後來盧梭又將其撤回了。論文中強調音樂的旋律比和聲重要，這表明盧梭反對拉莫所提出的核心觀點。拉莫終其一生堅持將和聲視為無上重要，他用共鳴體的基本低音這一創新概念來解釋和聲。但是盧梭在《論語言的起源》中對音樂和語言的評述也成為其歷史哲學理論的不可分割的組成部分，與其他關於藝術和科學的探討相比，這部作品包含了針對盧梭所提出的文明進步導致道德腐敗這一論點更為豐富的描述。從這個意義上而言，它最直接地回擊了勒卡特對盧梭最初論點的質疑。在對博爾德

32 《全集》第五卷，第408、428頁；《〈論文〉及其他早期政治著作》，第279、298–299頁。

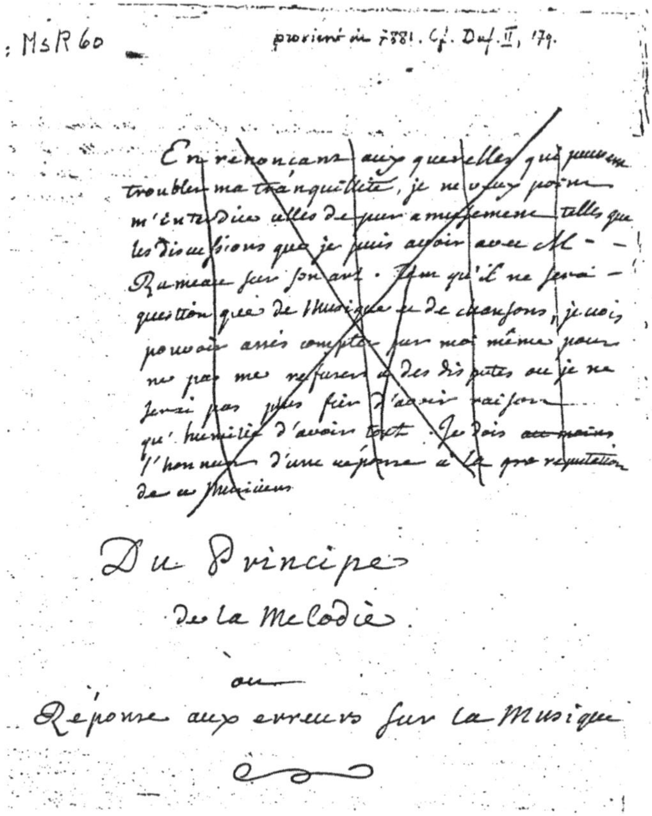
MsR 60 provient de 7881. Cf. Duf. II, 179.

En renonçant aux querelles qui peuvent troubler ma tranquillité, je ne veux point m'interdire celles de pur amusement telles que les discussions que je puis avoir avec M. Rameau sur son art. Comme il ne sera question que de Musique et de chansons, je crois pouvoir assés compter sur moi même pour ne pas me refuser à des disputes où je ne serai pas plus fier d'avoir raison qu'humilié d'avoir tort. Je dois au moins l'honneur d'une réponse à la pre réputation de ce Musicien

Du Principe de la Melodie

ou

Réponse aux erreurs sur la Musique

圖10　《旋律的原則》手稿的扉頁

的「最後的回應」中，盧梭聲稱他已經預見並提前應對了所有針對其論點的詆毀者看似合理的指控[33]，但是他並沒有很好地體現出他的應對策略的獨創性，也沒有很好地體現出他反駁的微妙之處，他的原話中所包含的新主題幾乎令人難以察覺。

然而，至少有一個針對「一論」的反對意見，盧梭並沒有在其早期作品中進行回應。一位匿名的評論家，可能是阿貝·雷納爾，他後來與狄德羅及其他人合作編纂《東西印度群島的歷史》。雷納爾控訴盧梭在其發表的論文中，沒能提供任何實際的結論，而且忽略了為他所描述的問題提出補救措施。在對博爾德的《最後的回應》中，盧梭承認這一批評的分量，並且說他只看到了問題背後的罪惡，並已經努力尋找其背後的根源。他聲稱，在他人生的這個階段，不得不把尋找補救措施這一任務留給別人。[34] 他並沒有在《論不平等》以及1750年代早中期的其他著作中回應這一質疑，但他也沒有完全放棄回應。在那段時間及之後不久，在他創作的一些並非為了出版的作品中，他允許自己的想像力飛翔於政治幻想中，這些幻想呼籲徹底的變革。例如在《日內瓦手稿》第一卷中的第

33 《全集》第三卷，第71–72頁；《〈論文〉及其他早期政治著作》，第64頁。

34 《全集》第三卷，第95頁；《〈論文〉及其他早期政治著作》，第85頁。

二章，《社會契約論》早期的初稿中，他回應了狄德羅對《百科全書》的一些評論，他呼籲建立「新的組織，以修正……社會總體的缺點」。[35] 後來盧梭在《致達朗貝爾論戲劇的信》和他最終版的《社會契約論》中，嘗試為人類丟失的公民聯合的理想注入新的生氣，並以此提出了一套能讓我們的道德情操得到提升而非墮落的原則。但盧梭卻發現他的家鄉日內瓦以及收留了他的法國對此都非常警覺，並認為他的存在對公共秩序構成了威脅。

35 《全集》第三卷，第288頁；《〈社會契約論〉及其他晚期政治著作》，第159頁。

第三章
人性及公民社會

《論不平等》是盧梭早期最重要、最具有實質性的作品。這部作品和《社會契約論》《愛彌兒》對他所有作品都產生了最深遠的影響。然而它對讀者的影響並不像大眾對《論科學與藝術》和《論法國音樂的通信》的反應那麼直接和強烈。因為它並未像「一論」那樣參加第戎學院論文獎初賽便獲獎，而且它缺少「喜歌劇之爭」那樣的話題性，後者激起了法國和意大利音樂及政治盲目擁護者的強烈感情。與其早期著作相比，這部作品減少了華麗辭藻的點綴，轉而通過更為嚴謹的論證，首次以政治和社會的習語對文明及其虛華進行了更為深入的分析，從而標誌着盧梭的歷史哲學以其最成熟的形式出現。這部作品從法國評論家那裏獲得了一些褒獎的同時，也招來了更多的敵意，它的巨大影響可能首先產生於蘇格蘭，亞當·斯密出版的《道德情操論》在一定程度上是為了回應盧梭的《論不平等》。蒙博多勳爵在《語言的起源與發展》中，依據文中擁護的關於這一主題的主張，對類人猿的人性問題提出了自己的觀點。在德國，無論是康德的《普遍歷史觀念》，還是赫爾德的《人類歷史哲學觀》，都受到了進化學説的啟示。康德尤其從文化修養和道德培養的區別中獲得了靈感，而赫爾德從語言的社會形成中獲得了最多靈感。克勞德·列維–施特勞斯認為這是啟蒙運動對人類學的首次貢獻。儘管它比盧梭的其他作品都更久遠，但它已被視為他的主要作品中——當然，也是他一生中所有出版的作品中——最激進和最進步的一部。

《論不平等》之所以有這樣的聲譽，部分原因在於盧梭對包括古代和現代自然法概念以及社會契約的當代理論在內的早期政治學説的批判態度。雖然孔狄亞克的語言哲學和布豐的自然歷史在一些主題上也受到針對性的關注，但霍布斯、普芬多夫和洛克的政治和社會思想在盧梭的文章中受到了最嚴格的審視和最長篇幅的譴責。他深信，這些思想家描述了人類墮落的來源，這些描述總體而言是正確的，卻誤解了他們思想的真正意義。一方面，他們解釋了人們過去是如何被蒙騙而接受那些使他們道德腐敗的體系的；另一方面，他們相信每個人都有責任維護這樣的體系，因為他們能為盧梭完全虛構的問題提供解決方法。

盧梭對霍布斯、普芬多夫和洛克的反駁大致如下。在《論不平等》的序言中，他聲稱人與人之間存在兩種不平等，一種是天生的或生理的，因此超出我們的掌控，另一種是道德的或政治的，它取決於人類

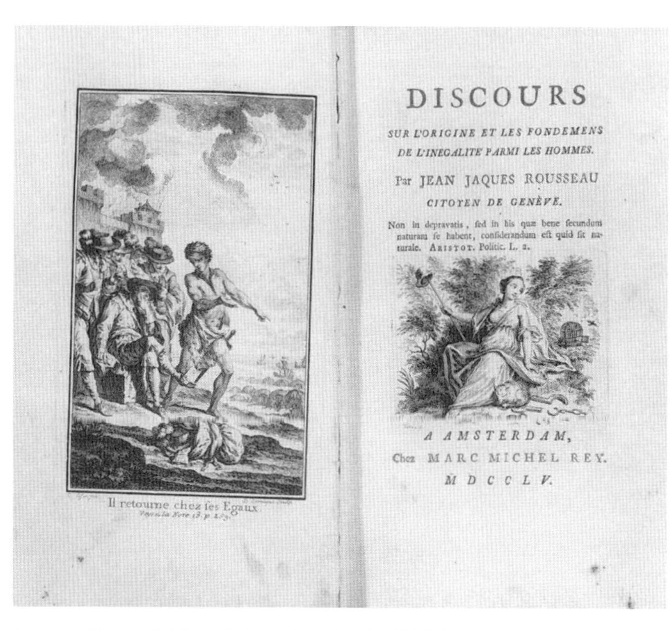

圖11　《論不平等》的卷首插圖和扉頁(阿姆斯特丹，1755年)

的選擇。[1] 盧梭注意到，這兩種不平等之間並不存在根本聯繫，因為統治着多數人的少數人所提出的統治地位的主張，如果沒有得到承認和認可，就沒有任何力量，且這種認可是被他人授予的，而不是自然賦予的。因此，世界範圍內持久的道德和政治的分歧永遠都沒法通過區分個體差異的生理特徵來解釋。如果事實正好相反，那麼行使武力本身就會產生服從的義

1　《全集》第三卷，第131頁；《〈論文〉及其他早期政治著作》，第131頁。

務，人們也會以與引發他們的恐懼同樣的理由來獲得周圍人的尊重。在《社會契約論》中，盧梭更詳細地解釋了力量不是權力的基礎，這也是他在《論不平等》中的立場。和其他社會契約理論家一樣，盧梭相信，在社會中區分人的規則只有通過人們的同意才能得以流行。因此，他在文章第一部分提出，自然產生的不平等必然已經轉化成人類所要求的不平等。[2]

盧梭在「二論」中構思的中心主題是論述人類是如何經歷這種轉變的。因為在自然狀態下，我們的祖先之間只存在偶然的、不頻繁的接觸。他聲稱，個體之間最初的區別無足輕重。然而，人類自己建立的不平等，構成了各個團體的主要特徵。[3] 在最初的狀態下，我們的祖先彼此間可能沒有「道德關係和明確的義務」。[4] 由於自然人既不需要像他一樣的其他生物的陪伴，也不希望傷害其他生物，只有在社會體制誕生後，人的弱點在他的同胞看來才是膽怯，人的力量才會對其同胞構成威脅。相反，社會中盛行和明確的關係，其中產生的人與人之間的不平等，通過從屬和命令，永久地將個體聯繫在一起。

2 《全集》第三卷，第160–161頁；《〈論文〉及其他早期政治著作》，第158頁。

3 《全集》第三卷，第162、193–194頁；《〈論文〉及其他早期政治著作》，第159–160、187–188頁。

4 《全集》第三卷，第152頁；《〈論文〉及其他早期政治著作》，第150頁。

相反，由於霍布斯、普芬多夫和洛克完全錯誤地理解了自然狀態的概念，他們錯誤地認為所有人都必須擁有平等的權利，這些思想家都曾經想像過，這種平等所帶來的結果就是每個人都會對其同胞心存憂慮，無法安然居住其中。霍布斯斷言，具有同等能力的人，只有在危急情形下才會追求共同的目標，因為如果沒有一種令其敬畏的公權力，他們就會處於戰爭狀態。[5]他認為，為了實現和平，人們必須建立一個人為設定的統治力量或「不朽的神靈」，動用絕對的權力來保護每個人，這樣，平等所帶來的惡性影響可以通過所有群眾對利維坦的服從來克服。因此，雖然盧梭認為自然狀態的不平等對人類而言完全沒有意義，但根據霍布斯的觀點，在無主的世界裏也必然存在平等的事實非常重要，這也是為什麼在那裏自然不可能實現和平的原因之一。

同樣，對普芬多夫而言，人們在最初一定是處於不穩定的平等狀態。他同意霍布斯的觀點，我們是受自私所驅使，而並非出於任何衝動的善行或友愛，他還提出，在自然狀態下，我們受制於自然環境或者兇猛的動物，我們因脆弱和膽怯團結在一起，並非積極而是消極地為了生存。[6]這是普芬多夫關於社會性或自然社交性的學說，他聲稱，這一特性讓我們的祖先

5　《論公民》第十章；《利維坦》第十三章。

6　《自然法與萬民法》第二卷第三章，第20頁。

由於人類特有的無限能力和貪得無厭的慾望，從而建立了日益複雜錯綜的社會。因此，一個政治共同體的發展也會相應地比霍布斯想像的要緩慢得多。但對於普芬多夫而言，他同樣是通過我們接受絕對君主的統治，來克服我們自然平等狀態下危險的不穩定性。如此構想的公民社會或文明為我們野蠻國家的野蠻痛苦提供了一種補救的方式。康德後來將這種關於社會起源的理論稱為「非社會性社會」學說。

對洛克而言，這也是人們在最初狀態下的基本平等，「在這種情況下，所有的權利和管轄權都是互惠的」(「二論」第二章)，這必然使財產的使用權變得不確定和不穩定。他認為，只有在公民社會，長期被統治力量所捍衛，私有財產才能得到保障，我們的自然權利方能得以實施。霍布斯的核心關注點是和平的政治維度，普芬多夫的關注點是人民對安全的集體需求，洛克的關注點是財產的民事保護，但這三位作家一致認為，在沒有政府的情況下，個人自然無法生存，因此，必須建立起人為的政權，從而減少伴隨人類自由平等的危險。

盧梭在「二論」中針對不平等的描述，至少在一定程度上是為了反駁這些主張。在他看來，霍布斯、普芬多夫和洛克構想的至上權威必然進一步強化了人們間的對立，從而導致彼此分離，而並非克服這些差異。盧梭認為在他們以及其他政治思想家的作品中都不可能找到回答為什麼人類在自然狀態下應該從他們的同胞那裏尋求保護的答案，但他認為，他們的思想匯集在一起，解釋了個體如何建立這些在腐敗社會中造成人類之間差異的固定且明確的關係。尤其針對霍布斯的觀點，盧梭表示，人類的確是為了保護自己的生命和財產，從而發展出社會責任，但是由於在自然狀態下，人類不可能處於交戰狀態，不擁有任何財產，也沒有任何野心支配或任何理由害怕彼此，因此關於他們天生需要安全感的想法是不可思議的。[7] 自然狀態不包含任何驅逐其居民的內在因素，而嫉妒或不信任的情緒會使人們擔心自己的安全或害怕失去自己的財產，但在盧梭看來，這些情緒是不會出現在那些滿足地獨自生活的人們身上的。

在《論不平等》中，盧梭承認私有財產的概念構成了最基本的義務原則，雖然最初的原始人不能制定任何類型的原則，他堅持認為這種想法一定是人類在部落定居後出現的。普芬多夫錯誤地認為，人類天生的社會性促使人們生活在一起，因為社會本身是不自然的，並且依賴於一套共同商定的符號體系，即語言，從而讓人類共同使用的可以相互理解的對話框架的構建成為可能。但是如果沒有一個預先存在的社會，語言就不可能出現。社會塑造了語言，並賦予了

7　《全集》第三卷，第153–154頁；《〈論文〉及其他早期政治著作》，第151頁。

個體話語一個被普遍接受的意義。盧梭在一篇專注探討語言起源的文章中，主要論述了孔狄亞克的語言哲學並得出結論認為，就像社會需要語言一樣，語言也需要社會，他沒法判定哪個最先出現。[8]

在盧梭看來，孔狄亞克1746年在《人類知識起源論》中曾正確地理解了無論如何設想，人類在原始狀態下都不可能出現議論性語言，因為語言技能只能通過長期的學習訓練才可獲得。和盧梭一樣，孔狄亞克也認識到，人類的第一語言一定是源於自然的吶喊。但與盧梭不同的是，他猜想人類這些衝動的話語一定是思想的基本標誌，代表了我們的祖先與思想最早期的聯繫，因為即使在最遙遠的古代，他們使用任意的語言符號，也一定是指代一些東西，而不是語言本身。在《論不平等》中，盧梭就這一論點提出了異議，他認為人類最初不可能在沒有語言的情況下孕育思想，就像人類不可能在這樣的情形下形成社會一樣。[9] 他認為，野蠻人需要掌握自然歷史和形而上學的專業知識，才能掌握即使是最原始的語言符號的一般語義，因為語言不僅代表思想和圖像，而且是表達和構成思想和圖像的不可或缺的組成部分，語言不能獨立存在。

8　《全集》，第146–151頁；《〈論文〉及其他早期政治著作》，第145、149頁。

9　《全集》，第147頁；《〈論文〉及其他早期政治著作》，第145–146頁。

在我們最野蠻的狀態下，如果沒有社會和語言，洛克所描述的財產權的建立是不可能實現的。在社會生活的語言規則首先被建立之前，男人和女人都不能表達或理解所有權的聲明，因為如果沒有任何形式的語言，個人就不可能理解某樣東西是專屬於他們的這一概念，也不可能尊重任何屬於他人的東西。事實上，盧梭評論道，私有財產制度必須依賴於人類歷史進程中發展起來的各種各樣的慣例和習俗，它不僅僅需要語言，還需要工業、商業、進步和啟蒙，這樣它才能實際上構成盧梭所提出的「自然狀態的最後關頭」以及「公民社會誕生的最初時刻」。[10]

然而，如果只有在人們相互間開始建立起固定的關係之後，才能獲得土地的專屬權利，那麼我們應該認識到，建立在這一思想上的制度是之後所有社會關係的核心，這對盧梭來說仍然是至關重要的。盧梭說：「第一個圍住一片土地，想出『這是我的』這一說法，而且發現人們居然輕易相信他……的人是公民社會的真正創始人。」這樣一個騙子，是我們人類的野蠻祖先之一，他受到洛克用心險惡的狡猾口才的啟發，從而驅使人類進入社會服從，並掩蓋了洛克在提出私人所有權這一觀點之前已經認識到的事實，即「地球的果實屬於我們所有人，地球本身不屬於任何

10 《全集》第三卷，第164頁；《〈論文〉及其他早期政治著作》，第161頁。

人」。[11] 如果公民社會最初的形成是為了證明人類的財產關係是合理的，那麼，一定也是這些關係導致了戰爭的爆發。土地將由於個人的佔有和繼承而變得稀缺，而人口必然會增長，從而導致富人掠奪、窮人搶劫，以及雙方肆無忌憚的激情。[12] 盧梭提出：正如洛克一直錯誤地認為，人類在建立任何其他社會機構之前就可以建立土地的專屬使用權及所有權；霍布斯也未能認清，人類在社區中形成財產關係是戰爭的主要原因。[13] 由於個人只有在建立了分裂的財產關係之後才會相互傷害，而且，人們在原來沒有財產的狀態下，顯然沒有理由互相傷害或讓他人受苦。

因此，盧梭認為，人類為了財產安全而制定的社會契約不可能是在自然狀態下形成的，相反，這一定是社會中的富人對窮人的欺騙。其條款表面看上去合情合理，因為它們一定提到了公正的法治和每個人的安全，但其真正的目的是為了建立必要的秩序，從而以犧牲一些人的財產為代價，保護另一些人的財產。通過協議，窮人(即絕大多數人)會被要求拒絕他們分享財產所有人所擁有的財富的權利，從而換取和平以

11 《全集》第三卷，第164頁；《〈論文〉及其他早期政治著作》，第161頁。

12 《全集》第三卷，第175–176頁；《〈論文〉及其他早期政治著作》，第171–172頁。

13 《全集》第三卷，第136、170頁；《〈論文〉及其他早期政治著作》，第135–136、171–172頁。

及對其生命的保護。正如盧梭所説的那樣，「所有的人都衝向他們的鎖鏈，相信自己已經獲得了自由」。[14] 十九世紀，蒲魯東及其他社會主義者提出的「財產是盜竊」，在很大程度上也歸結於這一論點。

正如盧梭所描述的那樣，霍布斯、普芬多夫和洛克的政治學説只是為了提供對人類道德不平等的法律認可，將其載入法典，以及人為建立權威的力量，只是那些實際上是對立的社會關係，需要以公民社會的司法規則來控制。盧梭在《日內瓦手稿》第一卷第一章中提出，霍布斯的錯誤並不在於他推測人類一旦變得善於交際就會發生戰爭，而在於他認為這種狀態是自然的，並且是由於惡習造成的，而並非由此產生惡習。[15] 實際上，這三位思想家中的每一位都將他們的想法視為解決某些問題的方案，而這些解決方案事實上是問題的起因。[16] 霍布斯和普芬多夫關於人類基本素質的假設使我們看起來如此悲慘，以至於我們不得不欽佩政府帶給我們的和平與正義，是政府將我們從野蠻人轉變為公民。然而，當我們合上這些法律學者的精彩作品，並對人類進行整體審視時，我們看到

14 《全集》第三卷，第176–177頁；《〈論文〉及其他早期政治著作》，第172–173頁。

15 《全集》第三卷，第288頁；《〈社會契約論〉及其他晚期政治著作》，第159頁。

16 《全集》第三卷，第184頁；《〈論文〉及其他早期政治著作》，第179頁。

了什麼？盧梭的一篇短文《戰爭狀態》提出了這一問題。這篇文章大約發表於1750年代，也許與他針對阿貝·德·聖皮埃爾十八世紀初期倡導永久和平的項目所作的評論有關。我們看到每個人都「在鐵軛下呻吟」，他回答說，「整個人類被一小撮壓迫者碾軋」，到處都在遭受痛苦和飢餓，而富人心滿意足地享用着血和眼淚；在世界各個地方，只有「強者用令人敬畏的法律力量武裝自己，從而支配弱者」。[17] 在法國大革命期間，盧梭的激進追隨者和崇拜者也同樣發自肺腑地表達了類似的觀點，並表述了對舊制度的完全蔑視。

盧梭認為，霍布斯、普芬多夫和洛克忽視了他們思想的真正意義，這主要是因為他們對人性持有錯誤觀點。他們將一系列只能在社會中獲得的人性特點加諸野蠻人身上。由於他們未能將社會屬性和自然稟賦區分開，因此他們在對於人類原始行為舉止的描述中，鑲嵌了太多歸因於人類發展的因素。盧梭在他的「二論」中標註了一個重要且較長的腳註；他提出，這些思想家在為自己設定了解釋自然狀態的任務之後，毫不猶豫地將其思想轉換穿越到幾個世紀後，就好像那些與世隔絕的人們早已生活在他們的同胞中一

17 《全集》，第608–609頁；《〈社會契約論〉及其他晚期政治著作》，第162頁。

樣。[18] 更糟糕的是，他們提出，我們最致命的一些惡習應該得到法律的授權。

那麼，剝離我們社會歷史的夢魘，我們的祖先一定像柏拉圖在《理想國》第十卷中所描述的被時間蹂躪破壞之前的格勞克斯雕像一樣。[19] 人類物種在社會中改變的方式解釋了人類的變性，在20世紀後期，這一轉變被描述為人類從自然走向文化的過程，這是《論不平等》的主要論述目標。盧梭認為，我們未開化的祖先和其他原始狀態下的動物一定具有共同的特徵：第一，「自愛」，或者說持續的求生衝動；第二，「憐憫」，或者說對同物種其他成員的同情。「思索人類靈魂最初及最簡單的運作方式」，盧梭在書的前言中寫道，「我想在人類擁有理性之前，我可以在其中感知到兩個原則」，其中一個涉及我們自身的福利和保護，而另一個則激發了人們在看到任何其他生物遭受痛苦或死亡時都會產生自然的反感。他聲稱，沒有必要引入普芬多夫的社交性思想，所有自然權利的規則似乎都是從這兩項原則的一致性中衍生出來的。[20] 這些屬性一定出現在理性和社交能力之前，

18 《全集》第三卷，第218頁；《〈論文〉及其他早期政治著作》，第216頁。

19 《全集》第三卷，第122頁；《〈論文〉及其他早期政治著作》，第124頁。

20 《全集》第三卷，第125–126頁；《〈論文〉及其他早期政治著作》，第127頁。

因為後面這些品質需要很長時間才能成熟，因而在人類的原始狀態中不可能出現明顯跡象。在盧梭之前的自然法哲學家們聲稱，人類從根本上是由一種社會性格聯繫在一起的，這種社會性格是由人類的理性促成的，因而盧梭在《論不平等》中反對了社會的自然法則基礎論。他不承認人類與動物的不同之處在於人類擁有任何優越的先天素質或原則，因此，他對第戎學院的有獎問題——「人類不平等的起源是什麼？這是由自然法則授予的嗎？」——再次予以否定，就像他在《論科學與藝術》中表述的一樣。盧梭在總結「二論」時聲稱，少數人擁有過剩的奢侈品，而普羅大眾卻缺乏最基本的必需品，「這顯然違背自然法則」。[21] 他認為，不平等不是由自然法則賦予的，因為自然法則沒有規定人類在原始狀態下的行為準則。他在「二論」的其餘部分試圖追溯道德不平等的起源和歷史。

盧梭認為，霍布斯特別忽略了人類的憐憫和天生的同情心，因為他對人類的自愛有着錯誤的印象。他曾設想，個人為了保住自己的性命，不得不抵擋其他人對自己迫害的企圖，因此，在自然狀態下，任何人都不可能既富有同情心又擁有安全感。相反，對盧梭而言，關心自己的同時並不排除關心他人的幸福；但他認為，以犧牲其他任何人為代價而無情換取的安全

21 《全集》第三卷，第194頁；《〈論文〉及其他早期政治著作》，第188頁。

感，只會招致空虛和蔑視，從而把陌生人變成敵人。盧梭認為，曼德維爾在1714年《蜜蜂的寓言》中關於人性的理論雖然與霍布斯相似，但曼德維爾同意上述觀點，而霍布斯卻並不同意。[22] 盧梭在另一個重要的腳註中指出[23]，他提出的「自愛」的概念，並不是真正意義上的愛自己，而是自私之愛，或者說是虛榮心，一種純粹的、相對的、人類後天產生的感覺。這種感覺促使人類在社會中更為關注自我，而不是別人，這也是「榮譽感」的源泉，而重要的是，霍布斯卻將「榮譽感」錯誤地歸結為普遍的人類本性。

在未經馴化或原始的狀態下，動物和人類在照顧自己的同時，也善待其他同類。只有那些道德敗壞的人一直盯着其他人並與其比對，希望自己和其他人一樣甚至比其他人更好。在自然真實的狀態中，自尊或虛榮是不存在的。我們與其他生物所共同擁有的自愛和同情之心，足以確保讓我們存活下來。因此，盧梭在「二論」中將自尊從他對人性的定義中去除，這也讓盧梭脱離了早期現代哲學的一個重要傳統，即對人類走向社會動機的各種猜測。他們所宣稱的人類自私的感情淩駕於人類理性之上，一方面，人類容易受到

22 《全集》第三卷，第154頁；《〈論文〉及其他早期政治著作》，第151–152頁。

23 《全集》第三卷，第291頁；《〈論文〉及其他早期政治著作》，第218頁。

有益於公共利益的良性控制方式的影響，另一方面，在充盈着私慾的聖奧古斯丁派哲學家中，帕斯卡爾的追隨者們、休謨和其他蘇格蘭啟蒙運動的道德家們推定這讓美好的貿易成為可能，從而最終讓國家的財富停止了對奢侈的追求。持續發展的還有17世紀神學到十八世紀社會心理學的轉變，從而宣告了資本主義精神並向孕育它的機構提供擔保。但是，盧梭認為這類爭論是完全錯誤的，因為他們將自愛這一已然帶有社會性的概念歸因於那些原本就不會被其所觸動的人們。正如《論不平等》中所描述的伊甸園那樣，人類沒有經受任何可以導致其墮落和崛起的誘惑。

然而，盧梭同時也認為，人類有一種可以改變其本性的獨特能力。雖然每種動物都天生具有維繫生命所需的本能和能力，但人類相較而言卻是自由的個體，有能力進行選擇。與那些總是被自己的慾望所奴役的生物截然不同，人類被賦予了自由意志，因此，至少我們有責任決定自己的生活方式。霍布斯已經否定了「自由」這個古老的概念，盧梭通過區別強迫行為和故意行為，讓「自由」這個概念重新恢復了意義。在霍布斯看來，動物並非被自己的慾望所奴役，因為他相信這些慾望對它們產生的作用是激勵而並非約束，從而成為它們行為的推動力，而並非阻礙力。他還認為意志自由的想法是荒謬的，既然只有肉體可以獲得自由或被阻礙，而意志不受任何動作的影響，就不會受到任何外部障礙的阻礙。[24] 盧梭在這點上應當感謝霍布斯曾試圖推翻那些傳統古典哲學，盧梭確信自然會對動物行為產生內部約束，由於我們的祖先總能以各種方式滿足自然的衝動，因而不會受到驅動並控制所有其他生物的本能所束縛。[25]我們人類中每一個沒有智力障礙的成員原本都可以自由地管控自己。

盧梭認為，正因為處於自然狀態的人類能夠使自己區別於其他動物，而不是因為它們從開始就被賦予任何特定或獨特的屬性，所以我們的祖先肯定總是比其他任何物種都更有優勢。普芬多夫認為，最初將人類拉到一起的一定是人類生理上的軟弱和膽怯，這與霍布斯自然戰爭的概念相矛盾。然而，盧梭認為普芬多夫的猜想和霍布斯的觀點一樣錯誤。他聲稱，人類社會沒有必要避免戰爭或克服無助；自由意識和人類做選擇的能力才讓社會的建立成為可能，而不是由於動物的本能選擇。人類社會是可選擇的，而不是必要的，源於人類的不確定性，而不是自然規定的。我們的祖先即使在自然狀態下，也一定可以自己決定如何最好地應對每一種情況。他們的靈活飲食可以包括水果或者肉類；他們可以與陸地動物一起奔跑，但同時

24 《利維坦》，第二十一章。

25 《全集》第三卷，第141–142頁；《〈論文〉及其他早期政治著作》，第140–141頁。

也能爬樹；他們可以選擇面對危險或者逃離危險。[26] 在《論不平等》中，盧梭評論道，野蠻人正是「在意識到自由後，他靈魂中的靈性才得以展現」。[27]

人類必然在某些方面與其他物種有所區別，而且我們本身擁有可完善性。這是盧梭在歷史哲學和政治思想史上所引入的術語。在最初狀態下，每個人一定都擁有不僅可以改變其基本素質，還可以提高其素質的能力。

一旦具備了任何其他動物都不會擁有的習慣，人就有能力讓這些習慣成為其性格中的永久特徵，而且，在盧梭看來，正是因為人類可以作為道德主體，讓自己不斷進化趨向於完美，而不僅僅是有別於其他物種，人類才可以經受住歷史的改變。盧梭在他提出的生物論點中寫道[28]，一千年之後，除了人類之外，每種動物都保留了與第一代相同的本能和生活模式，物種發展史僅僅是對個體發育的概括。然而，由於人類擁有自我完善的能力，有能力完善自己的本性，同樣人類也有別於動物，可能做出導致自我傷害的倒退行為。

因此，盧梭的結論是，人類早期潛在的自由和追

26 《全集》第三卷，第134–137頁；《〈論文〉及其他早期政治著作》，第134–137頁。

27 《全集》第三卷，第142頁；《〈論文〉及其他早期政治著作》，第141頁。

28 《全集》第三卷，第142頁；《〈論文〉及其他早期政治著作》，第141頁。

圖12　布豐肖像

求完美的特質使人類的歷史進化成為可能。假設人類本質上比霍布斯、普芬多夫和洛克所觀察到的更像動物，他仍然堅持野蠻人和文明人之間的區別在很多方面都比野蠻人和其他動物的區別更大[29]——他對這一觀點進行了詳盡的闡述，並與布豐在1749年發表的不朽著作《自然史》中針對同一主題的觀點形成了鮮明的反差。在《論不平等》一書中，盧梭對這部集科學與文學於一體的傑作大加讚賞，從中汲取了啟發他思考的很多主題，包括有機生命的歷史、物種作為一個

29　《全集》第三卷，第139頁；《〈論文〉及其他早期政治著作》，第139頁。

整體的可繁殖和遺傳的特徵，特別是關於自然的發展模式。沒有其他哪部作品能像《自然史》一樣獲得盧梭如此多的關注，在同時代的思想家中，布豐也是盧梭最為敬仰的。實際上，「二論」在很大程度上被認為是關於人類和市民社會史的一系列猜想，類似於布豐在《自然史》中所描述的地球的起源以及動物的誕生、生長和衰退。[30]

但是盧梭正是在自然史和人類史到底可能在哪裏出現交匯這一點上與布豐發生了爭論，他在爭論中主要採用的觀點是人類物種的可變性；布豐在對其他物種的描述中均提到這一點，盧梭甚為贊同，但布豐卻拒絕在對人類的研究中沿襲這一觀點。根據布豐的觀點，尤其在其《自然史》第二卷、第三卷和第四卷中，自然在動物和人類領域之間構建了不可逾越的鴻溝。這是生物鏈或者偉大的存在之鏈上一個質的突破，確保了人類比其他動物更具有優越性，因為人類擁有心靈或靈魂。1766年，主要在17世紀英國解剖學家愛德華·泰森之後，布豐針對黑猩猩研究了這一觀點。他和泰森都稱之為"*orang-utan*"(馬來語，意為「森林裏的人」)，作為大多數類人猿的統稱，直到1770年代這些非洲和亞洲物種才各自被恰當地區分開。在接受猩猩與人類的外表非常相似的同時，泰森和布豐堅

30　《全集》第三卷，第195–196頁；《〈論文〉及其他早期政治著作》，第189–190頁。

持認為它不可能是人類的一種，因為它明顯缺乏人類的理性和語言能力。然而，盧梭即使同意人類的天性具有獨一無二的精神性，但在「二論」中，盧梭對布豐的論點及其對猩猩的運用進行了反駁，聲稱世界上人類的多樣性表明，在經過長期發展後，人類物種可能經歷了自「最初的胚胎」以來比天氣或飲食造成的更為劇烈的變形。[31]

由於語言對人類而言並不比它所表達的理性更自然，我們不能像泰森和布豐所做的那樣，將文明民族的語言作為猩猩低於人類的證明。正如盧梭所設想的那樣，這個錯誤與霍布斯、普芬多夫、洛克和孔狄亞克的錯誤是一樣的，即錯誤地認定社會中複雜行為的顯著特點是人性的證據。盧梭認為，猩猩究竟是原始人類還是其他物種，只能通過實驗來證實；根據布豐自己對能繁衍的物種的定義，這意味着要對猩猩繁殖後代的能力進行測試，如果有繁殖能力的話，那就意味着一個男性或女性與該生物的性結合能產生後代。[32]盧梭認為，猴子顯然不是我們種族的成員，很大程度上是因為它們缺乏人類所具有的趨於完善的能力。但是，正如他在回應自然主義者查理·博內對他這一觀

31 《全集》第三卷，第134、141–142、208頁；《〈論文〉及其他早期政治著作》，第134、140–141、204–205頁。

32 《全集》第三卷，第211頁；《〈論文〉及其他早期政治著作》，第208頁。

點的批判時所清楚表述的那樣，他認為猩猩擁有這一能力至少是可能的。[33]

盧梭從來沒有贊同過任何關於一個物種向另一個物種轉變的觀點，在《論不平等》發表一個多世紀以後，這一觀點成為達爾文自然進化論的核心。他太過於相信上帝創造的存在之鏈上物種的固定性，通過假設猩猩可能是原始人的一種，他認為這一生物可以直立行走，形體像人一樣，在動物學上有別於猿和猩猩。盧梭關於這些動物的觀點主要聚焦於語言方面，並且反對布豐以及其他自然歷史學家和解剖學家的觀點。他只希望強調的是，由於語言表達了社會習俗，並且需要習得，我們不能僅僅因為它們不具備我們表達語言的能力，而把身體上跟我們相似的動物歸為完全不同的物種。[34] 然而，在盧梭對猩猩的思考中，他對身體人類學和進化生物學的早期歷史產生了一定的影響，他對於明顯不同的物種可能在基因上是相似的，甚至是相同的這一假設，開啟了生物鏈上連續關聯的可能性；這最終代替了他自己提出的固定性的想法，取而代之的是變形和轉化。十八世紀沒有人認為人性在人類發展的過程中容易發生改變，也沒有人認

33 《全集》第三卷，第211、234頁；《〈論文〉及其他早期政治著作》，第208、227頁。

34 《全集》第三卷，第209–212頁；《〈論文〉及其他早期政治著作》，第205–210頁。

圖13　愛德華·泰森《猩猩、森林人：或對俾格米人的解剖》中的第一幅插畫（倫敦，1699年）

為野蠻人在動物和文明人之間更接近動物。在盧梭之前，沒有人設想過人類歷史是從猿進化而來的。他所推測的猩猩的形象是一種自然狀態下不會説話的野蠻人。巧合的是，與接下來至少兩百年內對動物行為的描述相比，盧梭的這一推測具有更強的實證的準確性，直到1960年代比盧特·葛萊迪卡斯、約翰·麥金農和彼得·羅德曼在東南亞進行的實地研究。在評論這些生物遊牧式的生存方式、食素的飲食方式、不常發生的性關係以及大多數情況下孤獨和懶惰的生活狀態的同時，盧梭尤其強調了把人類和猿類區別開的社會地位；猿類的生物特徵，尤其是基因組成跟人類的相似性，並沒有掩蓋其行為特點上的巨大差異。通過把從社會剝離出來的人性描述成與最獨立的猿類類似，盧梭對人類物種的動物學界限的推測，既指向人類生活的社會層面的複雜性，也指向人類原始狀態的簡單性。

當然，原始人在自然條件下的完美性並不能保證他們的道德進步，因為這種特性的真正發展取決於個人在採用其各種社會和政治制度時所必須做出的實際選擇。人類的可完善性只保證在一個或另一個方向上有累積的變化，這與人類退化和進步的歷史是一樣的。盧梭認為，人類實際上錯誤地自由運用了他們與所有其他生物共有的特徵，因此，在其發展的過程中，人類壓制了自己的同情心和自愛，從而導致了自己的墮落。隨着野蠻人逐漸減少對自然的依賴，他們也同樣更加依賴彼此，由於每個人原初的可完善性的實現方式與其天賦自由是相衝突的，因此緊隨其社會中的選擇權而來的是成為他強加給自己的新的強制力的奴隸。盧梭總結道，個體的完善實際上導致了物種的衰老，因此，我們的可完善性的能力被證實是人類所有不幸的根源。[35] 正是對這種自我改善能力的濫用，而非自然法則，才使得我們僅有的身體差異轉變

35 《全集》第三卷，第142、171頁；《〈論文〉及其他早期政治著作》，第141、167頁。

為非常強烈的道德差異成為可能，並因此對社會不平等的確立發揮了最主要的作用。

如果說自然首先創造了原始人之間最初的、無關緊要的差別，那麼他們最初聚集在一起一定是一種偶然。在「二論」的幾段文章中，以及在《論語言的起源》的第九章中，盧梭推測，一定是意外事故和自然災害，如洪水、火山爆發、地震，將最初孤立的野蠻人聚集到一起，也許是通過島嶼的形成。[36] 盧梭提出，我們的祖先居住得更為聚集後，一定就不再以遊牧的方式生活；他們使用自己發明的工具建造小屋和其他避難所，開始安頓下來並組建家庭，從而開創了人類歷史上首次革命的新紀元，並且引出了財產的最初概念。[37] 後來，恩格斯在《家庭、私有制和國家的起源》一書中對此進行了詳盡的論述。但是，假如情況確實如此，盧梭相信，這種野蠻人生活方式的革命，幾乎不可能導致社會不平等自身的出現。他在《論語言的起源》的第二章中提出，將我們推在一起的社會力量，與後來促使我們分開的不可能是同一種力量。[38]社會中普遍存在的道德差異是由人類自身而非

36 《全集》第三卷，第162、168–169、402頁；《〈論文〉及其他早期政治著作》，第159、165、274頁。

37 《全集》第三卷，第167–169頁；《〈論文〉及其他早期政治著作》，第164–165頁。

38 《全集》第五卷，第380頁；《〈論文〉及其他早期政治著作》，第253頁。

自然或偶然因素造成的，社會不平等不可能僅僅是由於我們彼此生活在一起而產生的。

盧梭認為，當野蠻人開始以不同於以往的頻次互相見面以後，他們開始辨別將哪些人選作自己的同胞，這種選擇的方式才是社會不平等產生的最可能的起因。當我們的祖先在他們的原始居住地安頓下來，日復一日地面對同樣的人，一定就開始注意到他們當中一些人所具有的與眾不同的品質，例如，最強壯的、最靈巧的、最雄辯的或最英俊的。一般而言，他們也會同時意識到自然賦予的不同造成了他們體質的差別。每個人也肯定開始根據別人認為能代表他自身行為的特質來表明自己的身份，開始將自己和那些對他越來越熟悉的人進行比較，並且開始重視他所覺察到的差異。這種將某些特徵賦予比其他特徵更高價值的過程，讓我們的祖先將其自然差異轉換為道德差異。他們會把注意力集中在同胞的才能上，也希望自己的才能受到欽佩。他們開始嫉妒或鄙視那些與他們擁有不同特質的人，因此，公眾尊重的不平等分配會將他們在社會等級中區分開來。「野蠻人活在自己的內心中，而善於交際的人，總活在自己之外，只能活在別人的眼中。」[39] 他們在選擇哪些人作為自己同胞時會根據特定的特徵進行人際關係分類，原始人類肯

39 《全集》第三卷，第193頁；《〈論文〉及其他早期政治著作》，第187頁。

定因此而將區分自然屬性的基數系統，變成了按照道德喜好排名的序數系統。盧梭寫道，由於「這些新酵素引起的發酵，產生了對純真和快樂致命的組合」。[40]在孟德斯鳩或斯密看來，希望贏得別人尊重的慾望必定產生了相互的需求以及商業利益，從而緩和了原始人無盡的慾望，但盧梭認為模仿以及隨之而來的通過商業來追求的自我完善，才是腐蝕人類原始狀態下自給自足狀態的罪魁禍首。

當然，我們野蠻祖先所推崇的各種人類特徵不可能同時出現。我們的祖先一定是首先認出他們中擁有最強力量(生理屬性)的人，然後再判斷哪些人是最英俊或最雄辯的(明顯的社會屬性，取決於品位)，從盧梭的敘述中很難看出為什麼人類會覺得一些個人特質比其他特質更值得尊重。但是他堅信，一旦人們開始重視他們的差異，就已經開始建立他們的社會制度了。特別是原始人的靈巧和口才讓私有財產的建立成為可能，盧梭在「二論」最開始幾段文章中對此進行了闡述。公民社會的真正創始者如果想找到頭腦足夠簡單的人去相信他所聲稱的他圈起來的那塊地屬於他，他們就一定要將自己的靈巧運用在土地上，將口才運用在同胞的身上，從而使合法性成為將我們聯繫在一起的所有確定關係之根本。

40　《全集》第三卷，第169–170頁；《〈論文〉及其他早期政治著作》，第165–166頁。

私有財產建立之後，冶金和農業的技藝必然得到了發展，從而在提高土地生產力的同時，增加了土地擁有者與沒有土地的人之間的道德差異。當詩人們講是金子和銀子首先將人類推向文明時，在此描述了人類歷史上第二次偉大革命的盧梭卻追隨了哲學家們的觀點——他們認為私有財產推動了穀物種植和鐵礦開採的轉向，比如已經讓歐洲人成為新需求的奴隸，但還沒有毀掉野蠻的美洲。[41]《論語言的起源》的第九章闡述了一個關於原始社會的不同觀點，盧梭忽略了對人類早期歷史中兩次偉大革命的描述，而是以杜爾哥及當時蘇格蘭推測史學家(conjectural historians)的方式，提到我們經歷的狩獵、田園生活以及耕種的發展階段，分別和原始人、野蠻人和文明人相對應。[42] 但文章中並沒有特別提到普芬多夫、孔狄亞克或布豐，這篇文章也沒有像「二論」中論述的重要觀點一樣，繼續企圖顛覆霍布斯和洛克的學說。他聲稱隨着繼承和人口的增長，可用土地在減少，所有顯而易見的土地都具有所有權，沒有人能夠獲得或增加自己的財產，除非以犧牲他人的財產為代價。文明社會的這種狀況必然導致戰爭，使我們祖先中的富人比窮人處境

41 《全集》第三卷，第171–172頁；《〈論文〉及其他早期政治著作》，第168頁。

42 《全集》第五卷，第399–400頁；《〈論文〉及其他早期政治著作》，第271–272頁。

更危險，因為他們不僅冒着生命危險，而且冒着財產危險。因此，他們有一種特別強烈的動機，努力獲得表面上平靜的和平，由法律規定並由警察權力強制執行。為了保護自己的生命，窮人不得不放棄分享任何富人財產的權利，社會中靈巧和雄辯的成員，類似於《政府論》第五章洛克所描述的勤奮和理性的人們，因此可以通過騙局從別人那裏獲取財富，將狡黠的篡奪轉變成不變的權利。[43] 法理學哲學家對人類本性的判斷有可能是錯誤的，但他們對於人類歷史的描述還是相當準確的，因此洛克關於私有財產的概念肯定在霍布斯之前，而且確實是霍布斯戰爭狀態的主要原因。

盧梭認為，人們最初採用的不同政府形式——君主制、貴族制甚至民主制的根源，都歸結於當時體制中存在的不同程度的不平等。[44] 但是，由於每種政府都是為了使我們的道德區分合法化並賦予其權威性，因此政府在任何情況下都必須遵循相似的發展模式。這必然會逐步擴大富人的統治範圍，同時增加了窮人的義務，直到社會中人們之間的主要關係轉變成主人和奴隸之間的關係。最初經過同意建立的制度最終將屈服於專制權力，各個政府必然會在適當時候對其臣

43 《全集》第三卷，第176–178頁；《〈論文〉及其他早期政治著作》，第171–173頁。

44 《全集》第三卷，第186頁；《〈論文〉及其他早期政治著作》，第181頁。

民造成過重的負擔，以至於無法繼續維繫政府建立後想要維繫的和平。公民社會也會因此屈服於革命性的變化，人們為了逃脱政治發展的週期性危機，只能轉投新主，他們異於尋常的口才讓這些人仍然遵守在混亂和革命中擬定的奴隸制和專制的原則。[45]「因此，」盧梭在其作品的結尾部分寫道，「不平等的最後一項出現了，這是一個形成閉環的極致點。」[46] 一個新的自然狀態建立在最強大的人主宰的地方——然而，這個自然狀態並非處於其最初的純淨狀態，而是建立在過度腐敗的基礎上。

我們社會歷史的革命階段肯定是最初創造而隨後又摧毀了專制君主，後來恩格斯在《反杜林論》中把這種概況描述為「否定之否定」，由此出現了針對人類歷史的辯證闡述，並且成為馬克思出現的徵兆。可以肯定的是，馬克思本人從來沒有同意這種判斷，並且他像黑格爾一樣，將盧梭視為啟蒙運動的哲學家，認為盧梭致力於抽象的自然人權，這種權利在法國大革命期間的實現標誌着資產階級的政治勝利。但是，如果馬克思在閱讀《論不平等》時像恩格斯那樣關注第二章，他可能會從中讀到私有財產和社會不平等的

45 《全集》第三卷，第187、190–191頁；《〈論文〉及其他早期政治著作》，第182、185–186頁。

46 《全集》第三卷，第191頁；《〈論文〉及其他早期政治著作》，第185頁。

理論；這與他自己定義的歷史的概念是類似的，他認為歷史就是一系列的階級鬥爭，並被意識形態法治所調和。盧梭《論不平等》的最後幾頁是其社會解析中最具馬克思主義特點的。

然而，我們應該記住的是，與馬克思不同，盧梭論點的構想是對不平等起源的推測。他的思想並非為人類的歷史提供一種關於人性的理論，他對過去的描述源於他對人類所處的道德狀態的理解。他認為，人類本性的本質只有在剝離現代、多餘的行為之後，才能被發現。這樣，自然人必須被從公民身上剝離，而不是在野蠻人身上形成的文明人。由於盧梭是從人性現狀的視角開始其研究，因此它尊崇了盧梭自己的假設，即對過去的重建與任何實際事件的編年史幾乎沒有任何聯繫。所有事實都必須放在一邊，盧梭説道，因為它們並不影響問題。[47] 他的調查是假設性的，而非歷史性的，目的是解釋事物的本質，而不是查明事物的真正起源。因此，自然狀態被構建成一個虛擬世界，在這個世界裏，社會的腐敗特徵被去除了；盧梭的出發點並非遙遠的過去，而是我們都知道的現在的世界，因為過去留存下來的信息很少，但現在的世界我們都很熟知。《論不平等》的構思與其説是人類的通史，不如説是以歷史形式呈現出來的人類本性；盧

47 《全集》第三卷，第132–133、162頁；《〈論文〉及其他早期政治著作》，第132、159頁。

梭將孤獨的野蠻人描述為現代人的祖先，無論是在遙遠過去的原始民族中，還是在霍布斯、普芬多夫和洛克等一些徹底的現代人中，孤獨的野蠻人可能同樣常見。盧梭認為，從來就沒有真正的自然人，但只有將這樣一個人物作為參照，才能提供一個關於我們道德變化的理論體系。[48]

當然，如果自然狀態是虛構的，那麼我們試圖回到自然狀態的努力是沒有意義的，正如盧梭在其作品最長的腳註中所堅持的那樣。[49]「人性從來不會倒退」，盧梭之後在《對話錄》中堅持自己的這一觀點。[50] 一旦被拋棄，我們失去的純真就再也無法找回。甚至原始社會的形式，即盧梭所說的在「最幸福、最穩定的時代」[51] 所湧現的社會形式，也是文明人永遠無法恢復的。在這樣一種田園生活狀態下，我們的祖先原本可以過着簡單而和平的生活。這種狀態處於想像的過去和真實的現實之間，同時包含了兩者的一些元素。如果人類曾經生活在這樣的條件下，那麼留在那裏或許對他們而言更有利，但是，已經失去

48 《全集》第三卷，第123頁；《〈論文〉及其他早期政治著作》，第125頁。

49 《全集》第三卷，第202–208頁；《〈論文〉及其他早期政治著作》，第197–204頁。

50 《全集》第一卷，第935頁。

51 《全集》第三卷，第171頁；《〈論文〉及其他早期政治著作》，第167頁。

的世界永遠不可能重新恢復，一個從當下抽象出來的國家並沒有為後世提供合適的道德準則。正如盧梭在回復斯坦尼斯瓦夫國王對其「一論」的攻擊時明確表示的，如果試圖恢復人類的自然狀態，人類將陷入混亂和破壞之中。腐敗社會的弊病不能通過假裝無知而消除。

正是以這樣的方式，盧梭運用了霍布斯、普芬多夫和洛克的一些政治要旨來討論不平等的起源。他相信，他們的想法相當精準闡述的不是人類真正的義務，而是人類的過去。這些和其他思想家的理論中呈現的契約關係有助於解釋，為什麼人類會達成那些使他們道德腐敗的協議。然而，盧梭認為，由於使人類墮落的社會習俗是由個人強加給自己的，因此即使在腐敗的社會中，人類仍然有可能建立完全不同的制度。如果說我們天生擁有的自由已經徹底丟失，而另一方面，我們自我完善的能力卻完好無損，並且正如《社會契約論》中所聲稱的那樣，就人類道德而言，可能發生的事情並沒有像應該發生的事情那樣得到明確的界定。人們在接受私有財產制度並從野蠻社會進入文明社會時，一定是濫用了人的可完善性，從而限制了自身的自由。但如果人天生是可完善的，那麼人所犯的錯誤至少原則上是可以糾正和克服的。在盧梭所想像的古代共和國中，公民社會是在一個框架內形成的，這個框架使公民在法律下享有道德自由和政治平等。在《社會契約論》中，盧梭開始關注如何在現代世界中也可以建立起不同的制度，也同樣將自由和平等奉為神聖，就像曾經在日內瓦憲法下那樣。

第四章
自由、美德和公民權

1750年代初，盧梭憑借「一論」「二論」和《論法國音樂的通信》成為蜚聲歐洲啟蒙運動和公民社會的批評家。他希望能在當時由傑出人物發起的反對宗教偶像崇拜和政治不公的運動中貢獻自己的力量，然而，他關於這些主題的著作並沒有讓他受到那些傑出人物的青睞。伏爾泰在當時已經是世界性文化的主要倡導者，他譴責盧梭努力推廣野蠻是明顯倒退的行為。此外，在1756年的《愛丁堡評論》中，十八世紀商業社會及與之相關的道德完善機構的主要倡導者亞當·斯密，也對盧梭尤其在「二論」中所表述的推崇野性、反對文明的觀點不以為然。伏爾泰、斯密與其他哲學家一道，詳細闡述了激勵人類道德進步的教育、政治和經濟計劃，而盧梭煽動起針對這些人的反對意見，從而成了一切進步的敵人。然而，正如斯密在對「二論」的評論中所説的那樣，盧梭把他的工作獻給了日內瓦共和國，並獲得了成為該國公民所賦予他的深刻榮譽感。盧梭在「一論」的標題頁上也宣佈了他的公民身份和共和黨人身份，儘管他後來控訴他的同胞們背叛了憲法原則。即使在他的學說被他的同胞們譴責為充滿煽動性的情況下，他仍然對這座自己出生以及激發他最初熱情的城市充滿驕傲。

盧梭比十八世紀的任何一位重要人物都更加認同經典古希臘學說裏政治和道德之間的關聯。他認為，如果將現代威尼斯人的惡習歸因於國家的腐敗，那麼其他民族的墮落同樣在很大程度上是由於政治犯罪和壓迫。在他早期的作品中，他曾經試圖在更早、更廣闊的歷史長河中，通過對當前罪惡進行哲學抽象，對這種墮落追本溯源。他深信，由於當代政府統治下大多數現代人的困境都是由政治製造出來的，因此，採用其他政治原則的國家反而能鼓勵善行，從而產生美德而不是邪惡。盧梭在1762年春天出版的《社會契約論》中，相應地描繪了一個振奮人心的政治聯盟的設想，其性質與其早期在「一論」和「二論」中所描述的民主社會的特徵截然不同。的確，《社會契約論》一書似乎以相反的角度探討了《論不平等》中的核心主題，描繪了一種團結而非分裂公民的聯合契約，這一契約還捍衛公眾所參與的平等主義理想，從而增強而非摧毀公民的自由。在描述了公民社會道德腐敗的各個階段之後，盧梭通過列出公民獲得自由所需要的制度，提出了與他之前論點相反的觀點。通過為合法政權制定多元化、普適性的憲法基礎，這位日內瓦共和國最自豪的公民可以一邊抨擊當時獨斷的君主專

12.

Chapitre III.

Du Pacte fondamental.

L'homme est né libre, et cependant partout il est dans
les fers. Tel se croit le maître des autres qui ne laisse pas d'être
plus esclave qu'eux. Comment ce changement s'est-il fait?
on n'en sait rien. Qu'est-ce qui peut le rendre légitime?
Il n'est pas impossible de le dire. Si je ne considérois que la
force, ainsi que les autres, je dirois; tant que le peuple est
contraint d'obéir et qu'il obéit, il fait bien; sitôt qu'il
peut secouer le joug et qu'il le secoüe, il fait encore
mieux; car recouvrant sa liberté par le même droit qui la
lui a ravie, ou il est bien fondé à la reprendre, ou l'on
ne l'étoit point à la lui ôter. Mais l'ordre social est un
droit sacré qui sert de base à tous les autres; cependant
ce droit n'a point sa source dans la nature; il est donc
fondé sur une convention. Il s'agit de savoir quelle est
cette convention, et comment elle a pu se former pour
~~être légitime~~.

~~Sitôt~~ que les besoins de l'homme passent ses facultés [illegible]
les objets de ses desirs s'étendent et se multiplient, il faut qu'il
reste éternellement malheureux, ou qu'il cherche à se donner
un nouvel être duquel il tire les ressources qu'il ne trouve
plus en lui-même. Sitôt que les obstacles qui nuisent à
nôtre conservation l'emportent par leur résistance sur les
forces que chaque individu peut employer à les vaincre, –

圖14　《日內瓦手稿》第一卷第三章書頁，囊括了《社會契約論》第一卷第一章的開篇

制，一邊為那些可以通過臣民的集體自治而獲得政治美德的國家提供了一個藍圖。

《社會契約論》中最為出名，或許也是盧梭所有作品中最經常被引用的論述出現在第一卷第一章。在前面三段簡潔的介紹中，他建立了自己談論正義、公平和效用的權威，不是因為他是君主或立法者，而是因為他是一個自由國度土生土長的孩子和公民，因此他是享有主權的一員。「人人生而自由，卻無處不在枷鎖之中」，盧梭評論道，幾乎像是重述他在《論不平等》中闡述過的政治蛻變的可怕傳奇。《社會契約

論》前幾章探討的主題實際上和「二論」的核心思想非常類似，這幾章再次試圖說明，無論在家庭還是任何暴權中都不可能存在民主社會的自然基礎。盧梭認為，正確的東西無法從暴力中誕生，就像他早先聲稱的那樣，我們的生理差異不能為我們的道德不平等提供正當理由。如果武力能創造權力，那麼權力就會像多次變化的武力配置一樣時效短暫，一旦獲得足夠的權力，違抗就會成為合法的。霍布斯在《論公民》的第五章和第六章、《利維坦》的第十八章及其他著作中都表明，勢力和權力必須始終是相互伴隨的。因為沒有劍(執行法律的手段)的語言(法律)，就不具有足夠的約束力。但是在《社會契約論》中，盧梭重申了權力和權威(即拉丁語中的 *potestas* 和 *auctoritas*)之間的區別。

盧梭重申了《社會契約論》中自然和道德的二分法，同時他也否認家庭關係是國家公民之間關係的模型。兩千年前，亞里士多德在他的第一本著作《政治學》中就已經提到，將家人維繫在一起的不平等的紐帶，與國民和統治者之間基於政治性並因此自願的關係中的根本性平等是完全不同的。盧梭無論是在《社會契約論》中，還是在《政治經濟學》開篇中，都承認自己在這一論題上深受亞里士多德的影響，並在很大程度上重述了亞里士多德的論點。事實上，盧梭在《政治經濟學》中對公共領域和私人領域的對比與洛克在《政府論(下篇)》中對政權和父權的區分非常相似。和洛克一樣，盧梭起初發展了自己的二分法，以駁斥他所稱的羅伯特·費爾默爵士的家長制這一「可憎」的體系，他聲稱，這一體系也首先遭到了亞里士多德的拒絕。[1] 與亞里士多德和洛克一樣，盧梭也認為，道德上平等的人之間的合法政府是通過公眾同意而建立的，而不是自然獲得的。正如在盧梭早期的政治著作中一樣，他在《社會契約論》中態度堅定地認為，在公民社會中，無論正義還是邪惡，人對人的權威都是通過選擇而非自然建立起來的，過去是，現在也應該如此。

在《社會契約論》的第二章和第三章中，盧梭通過顛覆性的嘗試來駁斥他所理解的之前整個社會契約傳統的邏輯，並將這些值得尊敬的思想以新的習語表述出來，從而給予其新的推動力。格勞秀斯的哲學思想當時尤為引發盧梭的憤怒，就像他在「二論」中針對霍布斯、普芬多夫和洛克的觀點一樣。格勞秀斯追隨西塞羅和其他古代作家的觀點，認同國民的共識是政權的適當基礎，但早在1625年，格勞秀斯就在其《戰爭與和平法》中提出，全體人民都可以同意服從國王，就像個人可以自由地選擇讓自己被奴役一樣，也就是把自己的自由永遠地讓渡給某個主人。除了格

1 《全集》第三卷，第244頁；《〈社會契約論〉及其他晚期政治著作》，第5–6頁。

勞秀斯外，霍布斯和普芬多夫也提出了相似的論點：個人或民族自願服從統治者標誌着國家的合法建立，即通過不可逆轉的權利轉移，允許或授權其臣民服從絕對權力。格勞秀斯堅持認為，戰敗者通過向其征服者屈服，就可以放棄施予自己的權力，從而忽視了戰爭實際上是國家之間的關係而不是個人之間的關係這一事實。因此盧梭反對格勞秀斯之前社會契約傳統的一個中心前提，根據這一前提，用霍布斯的術語來說，通過制度獲得的主權和通過兼並或征服獲得的主權之間沒有根本的區別。霍布斯認為，儘管君主的權力是無限的，但君主或其權力始終只是人民意志的代理人、代理官員或代表，是扮演人民的演員，因此，人民才是每一場表演的真正作者。[2]

盧梭理解這種自願服從的觀點是現代法學的基石，他曾在《論不平等》中譴責其惡果和對人性的誤解，隨後在《社會契約論》中譴責其非法性，並提出了一個完全不同的觀點：國家權力的鞏固是通過其成員的集體選擇而實現的。他認為，格勞秀斯及其契約繼承人在自願服從的學說中犯了兩個主要錯誤。第一個錯誤是混淆了國家的聯合條約和服從條約，假設主權的建立和政府制度的建立是相同的，而它們的基礎和責任也同樣被誤解。正如他在《社會契約論》第三卷第十六章中所論述的那樣，政府不是由契約形成

2 《利維坦》，第十六章。

的，一個民族不可分割的主權可能永遠不會移交給一個國王。在選擇將他的巨著獻給國王路易十三時，格勞秀斯並沒有表現出對剝奪人民一切權利的內疚。他說，真理不會指向通往財富之路，人民永遠不會讓任何人成為大使或教授，也不會發放養老金。如果格勞秀斯不是將國家的合法建立定位於一個民族將自身交付給國王的行為，而是認定為使一個民族成為民族的行為，那樣會更好。因為盧梭認為，「社會的真正基礎」取決於第一個公約。

盧梭指出的格勞秀斯的第二個錯誤，霍布斯和普芬多夫也同樣犯過，那就是認為人民無條件地服從統治者的意志可能會使個體或集體疏離自由。相反，盧梭宣稱，我們放棄自由就是放棄人性，從而從我們的行為中去除所有的道德。一方面建立絕對的權威，另一方面建立無限服從的協議，是毫無意義且無效的，因為它從自由中產生奴役，使它的代理人在由於自己的意志造成的問題中自相矛盾。在這篇主要針對格勞秀斯對自願奴役的批判中，盧梭遵循了洛克《政府論(下篇)》第四章的論點，大意是一個人不能因為自己同意就使自己受他人奴役。但這個觀點的主要來源可能不是洛克本人，而是著名的法國胡格諾派法學家以及格勞秀斯和普芬多夫的主要政治著作的編輯讓．巴貝拉克。盧梭也在《社會契約論》中譴責過巴貝拉克，因為他把自己翻譯的格勞秀斯的作品獻給國王(喬治一世)，並因此在闡述原則時顯得猶豫和模稜兩可，以免冒犯贊助人。普芬多夫於1706年首次發表《論自然法和萬民法八書》，巴貝拉克將其翻譯成精妙的法文版，並附上了大量的筆記，這些筆記和第七卷第八章的內容均提及洛克先前的論點，即「任何人都不能放棄自己的自由而完全聽命於一種專斷的權力，因為這將意味着放棄自己的生命，不再是生命的主人」。在《論不平等》和《社會契約論》的批判性反思中，盧梭極大地獲益於巴貝拉克對格勞秀斯和普芬多夫的評論，至少他初次得知洛克似乎是通過巴貝拉克對普芬多夫的註釋而受到影響的。尤其在《社會契約論》中，盧梭進一步闡述了巴貝拉克所翻譯的關於洛克對自願奴役的批判，從而挑戰17世紀所闡述的現代政治哲學的基礎，並且使用其術語，這樣才能保證不是人民刻意決心屈服於君主，而是他們自由的集體實現。盧梭許多關於自由、平等和主權的思想貫穿於整個《社會契約論》之中，這些思想都是圍繞着他與格勞秀斯、普芬多夫和霍布斯的初次交鋒而構建的。

正如盧梭所設想的那樣，在思辨和唯意志論的傳統核心中，存在着這樣一種信念：無主之人自然需要一個國家的保護。他宣稱：行使不受限制的自由只會危及個人的人身安全，因此，人們正確地認為安全高於自由，而為了獲得安全，人們必須把他們的權利轉讓給這樣一個由法律和武器授權的當局，以維持他們之間的和平，並將外敵拒之門外。國家的成員資格不僅要求每個人自願放棄自己的自由，而且在建立一個統治者對其他人的人為優勢時，將所有人的自然平等轉變成了政治上的掌控和服從。在《社會契約論》第一卷的第八章和第九章中，盧梭試圖徹底地闡明這些觀點。他主張，我們從自然狀態到公民國家的合適過渡，絕不能壓制真正的自由，而應通過將我們單純的慾望衝動轉化為對我們自己制定的法律的服從，從而實現真正的自由。盧梭將自由和平等這兩項原則聯繫起來，構成了《社會契約論》的核心主題。

正如盧梭在第一卷第八章和第二卷第七章中所解釋的那樣，通過其臣民一致同意而建立的國家，在人類中產生了顯著的變化——一種蛻變，這種蛻變被描述為：它產生了超越於個體獨立的優越性，但在《論不平等》中，這一蛻變又被描述為走向罪惡的致命一步。盧梭聲稱，人們在新狀態下的胡亂作為經常會導致他們進入比之前狀態還要惡劣的困境，這也是在暗指他早期觀點的關鍵點。但是，他在這裏強調的是，當社會達成契約，並且公民社會因此得以正確建立時，這種變革會帶來崇高的令人振奮的精神。人們放棄在沒有公民社會時所擁有的天賦自由，獲得了公民與道德的自由，但這種自由首先被共同意志所限制，同時約束人們遵守大家共同制定的法律，使他們成為自己真正的主人。在《論不平等》中，盧梭將人類的原始自由描述為缺乏對自由意志和動物衝動的控制，這只會讓關注的讀者對其自然自由的新定義感到困惑，而如今這種自由被描述為慾望的奴隸。與「二論」不同的是，《社會契約論》幾乎沒有提及人類的自然狀態，而且其中對動物的評論尤其少，完全沒有像在先前的討論中那樣讚賞動物的善良品質。

但盧梭現在爭論的目的不同了。他希望表明人類共同參與自治可以極大拓展其自由，超越他們在原始狀態下作為野蠻人的身體獨立。在這裏他將其描述為被內部慾望所約束，而不是被對他人的依賴所制約，而在《論不平等》中，盧梭聲稱原始人不受其本能支配。與他之前的社會契約思想家相反，盧梭要描述的是人類在實現野心方面相互聯合的根本契約，如果沒有它，他們甚至不會有野心。所以個人必須放棄那種脫離彼此控制的自由，而正是在這種自由喪失的行為中獲得了另一個更強化的維度，因為公民從中獲得了道德人格和合作利益，這些都是獨立的野蠻人難以想像的。霍布斯主張國家中的自由寓於法律的沉默之中，主權者法律的頒布最終通過人們對法律的服從而限制了他們的自由。而盧梭與霍布斯的主張相反，盧梭認為法律和自由可以繼續攜手前行，前提是民眾必須既是守法者也是立法者，沒有君主可以淩駕於全體公民之上或者脫離全體公民。在霍布斯看來，人們通過將其自然權利移交給統治者來換取權利，而在盧梭看來，只要公民自治，自由可以在國家內部自然獲得，而不需要刻意捍衛。古典共和主義認為，自由民族在自由民主中受到其自身法律的約束，盧梭通過呼籲古典共和主義，試圖重新定義反對其自身的現代主權理論，以便它自己的術語可以讓人能夠準確地想起它旨在顛覆的東西。

盧梭尤其在《論不平等》的第一卷第九章和第二卷第十一章中指出：如果自由是其法治國家概念的核心，那麼平等對於實現自由就是不可或缺的。就像他在「二論」中譴責了財產分配不均的潛在影響，在《社會契約論》中，他激烈反對極端的貧和富，認為哪種情況都會「對共同利益產生致命影響」。他哀嘆道，在自由的拍賣會上，買家積累暴君的權力，賣家為了成為暴君的朋友而放棄自由。也許在盧梭所有的政治著作中，甚至在他個人生活中，最堅持不懈的主題都表現了他對避免或擺脱統治和奴性的渴望。支配和奴役把人束縛在各自的生活地位上，破壞了他們的自由。他在《愛彌兒》第二部[3] 中聲稱，對人的依賴與對事物的依賴不同，會引發所有罪行，同時腐化主人和奴隸的關係。盧梭深信，要得到自由，平等是不可或缺的。但他仍然堅持認為，不應該單純為了自由而追求平等。儘管他對私有財產的評論相當惡毒，但他從未像他之後幾代社會主義者那樣尋求廢除私有財

3 《全集》第四卷，第311頁；《愛彌兒》，第85頁。

產，因為他認為一個沒有私有財產的世界可能會使平等原則與自由原則發生衝突。如果阻止個人通過自己的勞動和主動性獲得財產，那麼對他們的奴役只會從富人那裏轉移到國家層面，而他們的自由會跟以往一樣被扼殺。由於他認為小農場的土地所有權是男人自力更生的表現，他贊同農業共和國，甚至在《政治經濟學》中指出「社會契約的基礎是財產」，其首要條件要求每個人「保持和平擁有屬於自己的東西」。[4] 在《社會契約論》中，他認為，只有極端的財富才必須受到政治控制，這樣才能讓任何公民都不會有足夠的財富來購買另外一個人的財富，也不會有人因為太窮而出賣自己。由於「環境的力量總是會破壞平等」，盧梭總結說，「立法的力量應該始終傾向於保護平等」。

盧梭現在強調平等在政治層面比在社會和經濟層面更重要。他主張每一條律法都應該不加區別地約束所有公民，君主對其公民都必須一視同仁。他在《政治經濟學》中已經提出，法律的第一條首先應該是尊重法律[5]，在《社會契約論》中又補充提出，每個公民都平等地受到這些法律的約束，因為法律在執行的過程中忽視了所有需要政府注意的特殊情況和個人差

4 《全集》第三卷，第269–270頁；《〈社會契約論〉及其他晚期政治著作》，第29–30頁。

5 《全集》第三卷，第249頁；《〈社會契約論〉及其他晚期政治著作》，第11頁。

DU
CONTRACT SOCIAL;
OU,
PRINCIPES
DU
DROIT POLITIQUE.
PAR J. J. ROUSSEAU,
CITOYEN DE GENEVE.
— fœderis æquas
Dicamus leges.
Æneid. XI
A AMSTERDAM,
Chez MARC MICHEL REY.
MDCCLXII.

圖15　《社會契約論》的扉頁(阿姆斯特丹，1762年)

異，而這些特殊情況和個人差異從來就不適合為整個社會所考慮。情況很可能是，正是由於排除了君主頒布的法令會對個人產生任何可能的利益或危害，盧梭在第一卷第七章裏發表評論：「主權者正是由於他是主權者，便永遠都是他應該所是的那樣。」儘管他在那篇經常被引用的文章中表述很模糊，但是，他對公民平等的執着最明顯的表現是，他慷慨激昂地堅持公民應完全參與每個國家行使主權的立法議會並擁有平等的責任。參與式民主的近代倡導者經常向盧梭尋求靈感，和他們一起，盧梭認為，像格勞秀斯、霍布斯和普芬多夫一樣，每一個君主擁有的權威都必須是絕對的，只有當每個公民都在其中充分發揮積極作用時，這種權威才是合法的。這就是他人民主權論的核心，這一核心尤其和理想國家的自由聯繫在一起，構成了盧梭政治學說的基石，這些學說在法國革命的進程中或被頌揚或被中傷，而盧梭也因此被世人銘記。

盧梭將自由和平等都與主權結合在一起，這成為他著作中引人注意的原創元素，使得他的哲學有別於柏拉圖、馬基雅維里、孟德斯鳩及其他和他一樣關注政治自由而不僅僅是個人自由的學者所提出的學說。盧梭在《社會契約論》中賦予這一意義之前，主權的概念被詮釋為與力量、權利或帝國緊密相連，並且通常涉及君主對其臣民的統治，而並非為了公民的自由。尤其對於博丹和霍布斯這些在盧梭之前最著名的絕對主權的倡導者而言，「主權」源於拉丁語“*summa potestas*”或“*summum imperium*”，定義了當時最盛行的學說，即統治者無與倫比的權力。相反，對盧梭而言，主權本質上代表着一種平等的原則，與被統治的要素或主體本身一起被確定為最高權威。正如盧梭所定義的那樣，主權與意志或權利，而並非力量或權力的概念相關聯——這再次説明了人類事務的道德和物質層面的巨大差異，盧梭在《論不平等》中已經轉為對此聚焦闡述，雖然他現在在《社會契約論》中重新調整了其學説的優先性，卻同樣鮮明地表達了這一觀點。

此外，盧梭和他之後的潘恩一樣，將整個由公民組成的全體民眾(雖然未必包括所有居民)作為主權，力求讓每個國家的普通民眾最終管理他們自己的事務。盧梭在《社會契約論》中從未將他所設想的公民大會稱為民主主義，因為他認為民主不是一種直接主權的形式，而是直接政府的形式；這一形式要求民眾留在常任理事會，以全職公務員或官僚的方式執行和管理公共政策，從而使國家非常容易發生腐敗現象和內戰。他承認，公民行使其人民主權的行為最有可能發生在地理位置上不易被入侵的小國家，在這些國家裏財富大致是平均分配給那些珍惜自由的人們的，他認為科西嘉可能是歐洲國家中仍然適合全新立法的國家。但即使在大國，也總是人民自己，而不是行政部門擁有最高權力。正如盧梭在為波蘭未來的政府制定憲法時試圖通過頻繁選舉國會議員代表，來確保人民擁有最高權力。人民主權的國家都定期舉行不會被取消的人民大會，他在《社會契約論》中以最長的章節闡述羅馬公民會議，以說明在這樣的人民大會中，沒有公民可以被排除在外，並且確認在這樣的共和國，羅馬人民在法律和現實中都是真正的主權所有者。他補充道，該國的保民官受人民委託行使其神聖職權，從來沒有謀求篡奪人民本身的權利，人民在必要時可以通過公民投票直接行使管理權。在人民出席的情況下，可以沒有代表出席。因為人民作為主權合法集會時，政府的所有管轄權即停止。然而，除非公民在這種情況下熱情地奔向集會，並且除非每個人都投入自我而不是錢包為國家服務，否則國家就完了。在盧梭之前，沒有任何一位重要的政治思想家對集體自我表達和大眾自治表現出如此大的熱情。雖然他承認平民可能被欺騙或誤導，但他認為反對專制的唯一可能的保障是人民主權本身。只有當所有人都參加立法時，他們才能制止一些人濫用權力。格勞秀斯、霍布斯、普芬多夫及其門徒所指定的主權當局，通過假裝作為公民的代表，剝奪了每個國家真正統治者的自由；他們顛倒了國家的職能，使自己成為主人，從而成為人民臣服的作者。

盧梭已經在藝術範疇內提出了類似的論點。他在1758年《致達朗貝爾論戲劇的信》中回應日內瓦建立一家劇院的提議，認為這會破壞同胞的自由，並呼籲以人民的公共和友好的節日代替演員專業的表演，這樣整個祖國都會充滿戲劇性的遊行和表演，而不僅局限於某個角落，就像他年輕時所目睹的那樣。在古代世界，特別是在斯巴達人中，他主張[6]「市民們頻繁地聚集在一起，把他們的一生奉獻給國家最重要的娛樂活動以及在戰爭時唯一能讓他們放鬆下來的遊戲」。在現代世界中，公眾的參與精神已經喪失。他相信，在藝術、科學和宗教中，就像在政治中一樣，人們已經麻木，變得被動，從文化生活的中心被驅逐，被趕

6 《全集》第五卷，第122頁；《致達朗貝爾論戲劇的信》，第133頁。

進了文化生活的深淵。我們從經歷者變成了自己經歷的旁觀者，變成了沉默的觀眾；我們如今被教導作為情節的觀眾要順從和膽怯，而曾經我們是這些情節的中心人物。那些扮演我們角色的演員，即我們的國王、議會及其他國家元首，都已經知道不同的主題必須區分對待。「這是現代政治的首要準則」，盧梭在其《論語言的起源》的最後一章中曾經評論過，並在其中詳細闡述了這些思想。[7] 盧梭將公眾參與視為一種古老的理想，毫無疑問，由於他對這種理想很感興趣，他認為不應該鼓勵公民把個人抱負放在首位。他認為，參與國家的主權集會應該是強制性的，這一觀念可以說明他在《社會契約論》第一卷第七章中的觀點，即「拒絕服從公共意志的人……將被迫自由」。針對盧梭的自由主義，批評家們恰如其份地嘲笑這一言論潛在的邪惡含義。而這一令人心寒的言論的含義是模稜兩可的，儘管盧梭似乎認為法律迫使國家的臣民遵從其作為公民的良心和意志，因此也是遵從其個人的自由。然而，在他所有的政治著作中，他似乎從未如此忽視強力和權利之間的區別。

「公共意志」是盧梭特指行使人民主權的術語，他在1755年發表的《政治經濟學》中首次使用了這一術語。這篇文章與狄德羅關於「自然權利」的文章共

7 《全集》第五卷，第428頁；《〈論文〉及其他早期政治著作》，第299頁。

同發表在《百科全書》上，「自然權利」這一術語出現後，盧梭在手稿中看到他朋友的文字，也相應地對其進行引用。[8] 多虧了馬勒伯朗士，這個詞在17世紀中期的法國哲學和神學著作中有一定的流傳。狄德羅在給《百科全書》供稿的文章中也使用了這個詞，而他也是《百科全書》的編輯。但是與他之前或之後的任何人相比，盧梭真正擁有了這個詞，並賦予它一種全新的，尤其具有政治意義的獨特含義。在《政治經濟學》中，盧梭將「公共意志」定義為整個國家的意志，是其法律的來源和正義的標準。在《社會契約論》中，他將其歸因於每個國家的主權都應該推廣的「共同善」或共同利益，以及每個公民想要實現這種「善」的個人意志，而這種意志經常與同一個人作為個體或國家內其他組織成員的特殊權益不同。盧梭爭辯說，派系對實現共和國的公共意志的威脅總是很大，並引用馬基雅維里《佛羅倫薩史》(第二卷第三章)中的一段文字作為論據。因此，他堅持認為，公共意志關注的是共同利益，不應該與所有人的意志相混淆，所有人的意志僅是私人利益的綜合，因此必然是相互衝突的利益，僅僅通過計算選票而獲得的優勢會產生不穩定的聯盟、陰謀集團以及政治分歧。他曾經提議，要實現公共意志，在國家內部就不應該存在任

8 《全集》第三卷，第245頁；《〈社會契約論〉及其他晚期政治著作》，第6–7頁。

何形式的部分群體聯盟。但是他在多數情況下認為，這種聯盟是必然的，而且的確應該大大增加，從而每個聯盟都會盡可能變得無害，這樣公共意志只是反對他們而並非徹底將其排擠。盧梭曾經提到德·阿爾讓松侯爵關於法國政府的一部作品中的一段話，這部作品1764年才出版，但盧梭曾經看過其手稿。盧梭評論道：「如果不存在不同的利益，我們就幾乎不會意識到共同利益，因為不會遭遇反抗……這樣，政治也將不再是一門藝術。」

既然統計投票是為了確定公共意志是所有人的意願所必需的，不清楚的是，盧梭設想公民會如何區分公共意志和所有人之間的意願，尤其鑒於他提出的論點：公共意志無法通過考慮所有人意願的優劣而獲得。但是，公共意志和特殊意志之間的衝突成了他的論點的核心，並且在他對於這種衝突在每個公民心中產生的緊張關係的描述中表現得最為明顯，這種衝突促使公民區分什麼對自己有利，什麼對群體有利。針對盧梭的自由主義批評家們經常譴責他提出的公共意志概念，因為這一概念帶有明顯的集體主義思想，但是在《社會契約論》中，公共意志似乎旨在避免而不是實現對個人的社會教化。因為我們丟失了那麼多的公共精神，在當代世界中，每個人的公共意志遠遠弱於其特殊意志。盧梭認為，要對其進行強化和推動，並非通過每個公民在公共集會上對周圍人輕率的回應，恰恰相反，是要通過所有人單獨表達自己的觀點；彼此間如果沒有溝通，就可能致使單獨的判斷偏向於這個或那個團體的利益。約翰·密爾後來對無記名投票喪失了耐心，而盧梭很可能已經同意，在需要人民代表時，人民代表必須始終對其選民明確負責。但是在公民投票、公民表決或所有公民的公眾機會中，為了確保投票數量和參與的人數一樣多，他認為，主權的每個成員都應該不考慮其他人而採取行動，遵循其個體作為自主個體的公眾意願，從而服從自己的意願。關於國際政治，盧梭對於一個國家在國際法之下建立聯邦和平中模糊感知的「真實利益」和在維護其絕對獨立中堅定持有的「明顯利益」之間的區別，曾在1756年起草的針對《聖皮埃爾神父的永久和平方案的判斷》中有過類似的表達。[9]

在第一卷和第二卷闡述了政治權利的原則(《社會契約論》的副標題)之後，他接着闡述了這些原則的應用，調整了國家物質和道德方面的優先級，以解決國家行政權取代立法權的問題；正如他在第三卷第一章中清楚表明的：是政府而不是主權，是強力而不是權利。與無法被代表的主權不同，盧梭將政府描述為主權國家公民與法律約束的「中介機構」，始終由人民代表組成。主權在制定法律時總是普遍的，而政府的行政權力只在特定的情況下發生。主權只存在一種

9　《全集》第三卷，第592–593頁；《盧梭論國際關係》，第89–91頁。

形式，而政府取決於具體情形並因此採取適應特殊需求的不同結構。政府的機構是本地化的、依情況而變的、特定的。

決定一個國家政府性質的最核心因素是國家的人口，人口最稠密的國家需要最集中的政府，人口最稀少的國家需要最分散的政府。正如盧梭在第三卷前兩章中闡述的那樣，它遵循政府權力和每個公民所佔零碎主權之間的負相關關係。這條規則引導他重新審視基於官員或地方執政者數量而進行的古老政體分類，即一人統治、少數人統治和多數人統治，或稱為君主制、貴族制和民主制（或政體）——亞里士多德在其《政治學》第三卷中對這種分類進行了闡述，從而為大多數人所熟知。在亞里士多德之後，盧梭也同樣將其注意力集中在國家的階級結構和最有利於每種政府形式的財富分配上，特別指向最適合民主政體，也最適合君主政體中，貴族以及介於君主和臣民之間的中間階層的等級和財富平等。他認為，在大國中，這些制衡力量有助於削弱君權，否則其濃縮的活力在為公眾利益服務時，可能會成為其主要優勢，盧梭認為這種情況很少發生。

博丹、波舒哀和其他支持皇家專制主義的哲學家宣稱，在一個人的獨特卓越權威下，國家凝聚力可以得到最好的維持，但是盧梭並不相信這種主張，他認為「國君就是一切」是一種謬誤，而這與他的主權觀念截然不同。他聲稱，君主政體在其選舉形式和世襲形式中，不僅特別容易出現繼承危機，而且由於野心勃勃卻能力平庸的人玩弄陰謀，還會受到貪腐陰謀和無能的影響。對於《聖皮埃爾神父的永久和平方案的判斷》，盧梭同樣也蔑視為了追求君權和金錢的宏偉的領土擴張計劃。相比之下，他稱讚了法國曾經的新教徒亨利四世國王的智慧，因為他在十六世紀不懈地努力談判，為了實現國際基督教聯邦。他認為，聖皮埃爾幾乎不可能期望在兩百年後再次重復這樣的努力，部分原因是他的能力較差，但更主要是因為非洲大陸的外交和軍事格局均已發生了巨大變化，以至於歐洲國家聯盟現在已經無法不通過革命而建立起來。[10]霍布斯認為，君主政體總體而言優於其他政體形式，因為它將公共利益和個體利益保持統一。然而，盧梭更相信馬基雅維里的評價，即「人民比君主更審慎和穩定，有更好和更明智的判斷」。[11]和馬基雅維里一樣，他相信共和政府優於君主政體，甚至在《社會契約論》中聲稱，馬基雅維里的《君主論》描繪了真正可恨的統治，其隱秘意圖是成為共和黨人的手冊，掩蓋了馬基雅維里和盧梭一樣懷有的對自由的深切熱愛。

鑒於這樣的嚴格規定，盧梭看起來似乎趨向於將

10 《全集》第三卷，第595–600頁；《盧梭論國際關係》，第94–100頁。

11 《李維史論》，第1卷，第58章。

民主視為最佳的政府形式，但他實際上堅持認為民主也同樣危險，尤其因為其本質會引起國家主權和政府之間的混淆。他認為，制定法律的人一定不能自己執行法律，因為那將使君主具有特殊性，並且比君主專制政府更混淆個人和公共利益。「當這種情況發生時，」他聲稱，「國家的本質已經腐敗，不可能進行任何改革。」由於貴族制具有「區分主權和政府的優勢」，盧梭似乎更趨向於貴族制，或者更準確地説，傾向於由選舉產生的貴族制，因為他認為自然貴族只適合原始民族，而世襲貴族是「所有政府中最糟糕的」。他認為，選舉產生的貴族制並不依賴於每個公民的誠實和智慧，因此與民主政府相比，參與選舉所需要的美德更少。雖然選舉貴族制只能在財富分布具有一定的公平度和適度性時才能蓬勃發展，但嚴格的平等通常是無法實現的，而這一點也不壞，可以將公共事務的日常管理委託給具有合適才能的人，獨立的財務讓他們可以為財政平衡的國家奉獻其所有時間。盧梭認為，在選舉產生的貴族制度下，最正直、最聰明、最具有政治經驗的公民可以作為國家的最高官員和公務員，從而確保國家的穩定。

他認為，關於所有政府形式最重要的事實是每個國家主權的本質區別。如果人民不能在民主國家中正確地管理自己國家的法律，那麼無論是君主制還是貴族制的地方行政官，都無法代替他們進行管理。盧梭和洛克都強烈地認為，政府濫用權力僅對其人民產生威脅，而其最典型的特徵是，政府過於頻繁地傾向於以主權意志代替公共意志，他認為這就是專政。他在《社會契約論》第三卷第十五章和《論波蘭政府》第七章中都指出，只有在議會成員選舉期間，英國人民才享有自由，他們頑固地把他們作為立法主權的權利委託給一個本應只有行政權的法人團體，這表明他們不應該被賦予有責任去直接運用的自由。

在日內瓦，執法機構(小議會)通過承擔全體公民大會(全體會議)的職責，而逐漸變得更具有統治力，甚至阻礙了這個主權機構的集會。隨着祖國行政力量取代民眾意志，絕對權力淪為不受束縛的權力。盧梭在其《山中來信》中指出，「僅憑力量統治的地方」，「國家便已經瓦解。這……是所有民主國家最終滅亡的原因」。[12] 他在這裏用民主一詞指代主權。盧梭將《論不平等》獻給日內瓦共和國，因為那裏擁護人民主權的思想比其他任何現代國家的憲法都更為反對專制政府，盧梭一生目睹了那些定義自己身份的原則的腐敗。日內瓦啟蒙運動倡導的和善商業，只是把平等的民主制度變成了剝奪同胞公民權利的寡頭政治。他在世界上居住的其他地方，沒有哪裏可以像他之前推演人類歷史所描述的那樣從政治角度清楚地體現出人性的巨大轉變。

12 《全集》第三卷，第815頁。

早期的評論家們常常通過援引自然法的原則來免受專制主義的威脅，因為統治者只有在其靈魂甚至生命受到威脅的情況下，冒着遭受殺害或革命的危險時，才有可能違反這些原則。在與盧梭同時代的人中，孟德斯鳩的學說闡述了法治原則，該學說在西方自由主義思想中被證明具有深遠的影響，從而將君主的權威與暴君的任性區別開來，並鞏固了他自己關於英格蘭的司法獨立的觀點。但是，盧梭在發表《社會契約論》之後於英國短暫居住的一段時間裏，試圖證明自己的獨立性，就像他認為議會對於英國當地人是獨立的一樣，他發現孟德斯鳩的法律概念沒有說服力。與後來那些害怕盧梭所描繪的主權被濫用的評論家相反，他相信人民自己警惕地行使這些權力是反對專制的唯一保障。根據盧梭的政治哲學的原則，主權本身的性質限制其無法執行自己的意志，因此主權國家本身無法對任何人使用任何強力。這一職責只屬於政府。因此，自由的保護不是依靠包羅萬象的自然法，也不是依靠政府內部獨立的司法機構，而是通過一種政府和統治權之間基礎性的權力分立，這和孟德斯鳩構想的分立有所不同。

盧梭在《社會契約論》第一卷第二章中指控格勞秀斯以提出事實作為權利的證明，賦予奴隸制和暴政似是而非的合法性。在《愛彌兒》第五卷中[13]，他又重

13 《全集》第四卷，第836頁；《愛彌兒》，第458頁。

申這一指控，聲稱孟德斯鳩同樣沒有論述政治權利的原則，而是滿足於「討論現存政府的積極權利」。盧梭堅持認為，在政治世界中，沒有什麼比事實與權利之間的差異更大的了，從而引發了哲學家與科學家之間的爭論。這場爭論使得他的崇拜者及其他人與格勞秀斯和孟德斯鳩的門徒區分開，直到今天。但在《社會契約論》中，盧梭也急於闡述政治生活中的事實，以及他對孟德斯鳩以自己的方式解釋這些事實表示出極大的感激之情。像孟德斯鳩一樣，他關注政府的自然歷史和病理性，以及國家興起、擴張和消亡的方式。盧梭聲稱，「身體政治」「跟人的身體一樣」從誕生起就開始消亡，並有着自我毀滅的根源。繼孟德斯鳩之後，盧梭也認識到物理因素對政府性質和國家憲法的影響，並參考《論法的精神》第十四卷指出，「並不是所有氣候都能結出自由的果實」，因而並非每個民族都有能力獲得自由。他強調，公民社會中公民的道德高低可以很大程度上通過參考法律和政治因素得以解釋，而他幾乎也同樣強調了道德是如何決定法律的，描述了習慣、習俗和信仰這些影響因素。這些因素並非刻在大理石或黃銅上，而是作為第四種法律(除了政治、民事和刑事之外)印刻在公民的心中，而這是「最重要的」。在《愛彌兒》中，他稱讚了《論法的精神》，因為其中描述了道德與政府之間的關係。[14] 儘管盧梭和孟德斯鳩存在分歧，但孟德斯鳩論述的道德對立法的約束，即道德塑造了立法的方向並賦予其底層精神，對盧梭產生了極大的影響。在思考法律的可能性時，盧梭在《社會契約論》中進行了探討，正如他在此書第一句話中清楚表述的那樣，接受人本來的樣子。他認為，儘管政治的事實和標準各不相同，但在他關注評估人類事務中的可能性以及正確性時，兩者必須同時存在。和孟德斯鳩一樣，他不僅自上而下審視憲法，同時也依據支撐憲法的社會習俗和流行的傳統，從第一原則的角度，自下而上審視憲法。

盧梭在《社會契約論》中對當地習俗和民族傳統表現出的敏感度，再加上他始終對正確標準的執着，使他在整個歐洲贏得了崇拜者，尤其是在那些苦苦掙扎對抗外國統治的國家，以及深受外部勢力之害而通過內戰尋求本土自由的國家。1764年，科西嘉的愛國者馬蒂厄·塔福科邀請盧梭成為一個自由國家的立法者，而他先前就已經宣稱這個國家尤為適合立法；1770年，米歇爾·威爾豪斯基伯爵拜訪他，呼籲他對波蘭律師協會為擺脱俄羅斯暴政的努力做出評論，盧梭在這兩種情形下都表現出積極的熱情。盧梭總是擔心他的作品被認為不具有政治煽動性，在1760年代中期他的祖國陷入政治危機的時候，盧梭猶豫是

14 《全集》第四卷，第850–851頁；《愛彌兒》，第468頁。

否要主動為同胞中充滿失望的激進共和黨人提供熱心的支持，而正是這些共和黨人最終集結起來為他辯護，反對政府禁止他的作品。「我本質膽大，但性格羞怯」，他向他的弟子兼傳記作家伯納丁・德・聖皮埃爾承認道。盧梭從未敢像巴枯寧那樣設置路障，也從未像馬克思這樣在委員會會議上駕馭革命政黨的命運，他拒絕直接捲入那個時代的政治鬥爭，這主要是因為他曾經在致瓦滕斯萊本伯爵夫人的一封信中說過：「全人類的自由也不能成為任何人流血的理由。」[15] 但對他而言，根據豐富的公民想像力制定憲法，而無須進行政治審判，總體而言確實是更令人信服的事情。

在盧梭代表科西嘉人撰寫的《科西嘉制憲意見書》中，他建議科西嘉人促進佔主導地位的農業經濟，以自給自足，而不是為了過剩；建議其土地和農產品應盡可能公平地、節儉地共同享用，公共收入以實物或人工的形式收取，不採用現金。波蘭人對自由的熱愛贏得了他的掌聲，他向波蘭人推薦了一個教育計劃，包含遊戲、國家助學金以及專門的波蘭教師，從而使學生成為「國家的孩子」[16]；他還推薦實施一項立法計劃，要求一院制國會代表的選民承擔嚴格的

15 《盧梭書信全集》，第5450頁。

16 《全集》第三卷，第967頁；《〈社會契約論〉及其他晚期政治著作》，第190頁。

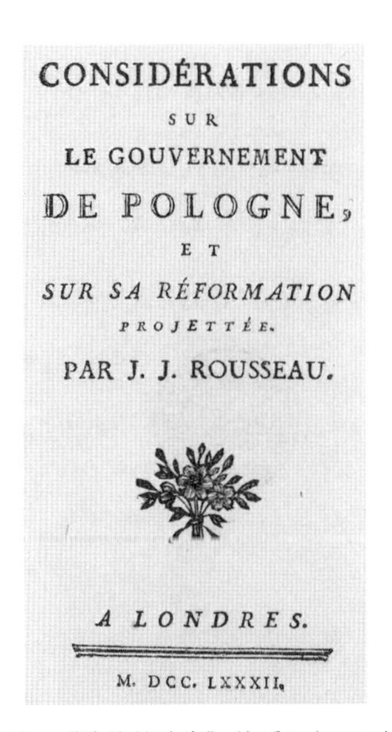
CONSIDÉRATIONS
SUR
LE GOUVERNEMENT
DE POLOGNE,
ET
SUR SA RÉFORMATION
PROJETTÉE.
PAR J. J. ROUSSEAU.

A LONDRES.

M. DCC. LXXXII.

圖16　《論波蘭政府》的扉頁(1782年)

責任。每一篇文章都提到或暗示了盧梭在《社會契約論》中已經闡明的主題，尤其是《論波蘭政府》就波蘭人和英國人代表大會之間的幾處差別進行了對比。這總是讓下議院蒙羞，1764年下議院甚至驅逐了像約翰·威爾克斯這樣的笨蛋[17]，再次表明英國人民對他們的議會幾乎沒有什麼控制力。

這些作品在盧梭有生之年都沒有被出版或廣泛傳播，因此科西嘉島不幸被法國吞併(於1769年，拿破侖於阿雅克修出生的那年)，或波蘭首次被列強瓜分

17　《全集》第三卷，第982頁；《〈社會契約論〉及其他晚期政治著作》，第204頁。

(1772年)，無論如何都不能歸咎於盧梭。在這兩個事件發生後不久，他都投身於通過憲法保護公民自由的倡導中。在某個特別黑暗的偏執時刻，他深信科西嘉被入侵是為了敗壞他的名聲，但他沒有任何充分理由可以用來分享自己的這一信念。但是，也許他和他的一些同時代的崇拜者都錯誤地認為，新國家立法者的政治思想不會產生革命性的影響。他認為人必須始終被視為他們本來的樣子，然而他在《社會契約論》中主張，正如他早先在《論不平等》中所提出的那樣，人性是有可能改變的。他在關於立法者的章節中提出，這樣一個非同尋常的人，一個國家或宗教的真正奠基人，其任務就是要把單獨的人轉變為更大的整體，從而使公民從中獲得生命和存在。他認為，古人中的來庫古和現代人當中的加爾文就是這樣的立法者，並在《論波蘭政府》的第二章中增加了猶太人摩西和羅馬人努瑪。這些人物都在各自國家中佔有特殊的地位，他們似乎受到了神的啟示的觸動，就像柏拉圖這樣的哲學家或黑格爾這樣的世界歷史人物一樣，將愚昧無知或迷惑不解的人們指向他們無法自我感知的新曙光。一旦到達政治的應許之地，立法者當然不會再參與其事務，盧梭在1751年發表的《論英雄德性》[18] 中就已經暗示了這一點。這是盧梭受西塞

18 《全集》第二卷，第1267頁；《〈社會契約論〉及其他晚期政治著作》，第310頁。

羅[19]《論恩惠》一書的啟發，為科西嘉學院頒發的另一個文學獎所起草，但後來又放棄了。他聲稱，立法者的職責不是行使權力，而僅僅是通過一種崇高的憧憬來促進普通公民的智慧和公共精神的典範。他們裝作是神聖世界的詮釋者，他們進行説服卻沒有讓人信服，他們的職務既不屬於政府也不屬於君主。但就像普羅米修斯一樣，通過把火帶給人類，他們使人類的道德轉變成為可能。厭惡盧梭的尼采重新塑造了這些意象，它們不僅具有指導意義，而且具有創造力和影響，超越了文明中平淡無奇的善惡標準。

在《社會契約論》中，盧梭的論述啟發了十八世紀後期的準立法者。在第三卷第十五章中，他指出，金融和代表制這兩種制度是古代人們所不知道的，他們甚至沒有術語來表達這種思想。

第一種思想，盧梭稱之為「奴性的詞」，他在《科西嘉制憲意見書》和《論波蘭政府》中都將其譴責為現代創新。這種思想引發了導致商業社會禍害的禁令，在他的《論語言的起源》中也有類似的譴責，禁令促使公民繳稅，從而能雇用軍隊和代表，使他們自己可以留在家裏。第二種思想，源於封建政府的概念，發展為三級會議中不同命令所實現的委託權的概念，再發展為格勞秀斯及其追隨者構想的主權思想的核心——契約盟約。這種思想也同樣使現代世界中的

---

19 原文如此。似應為塞內加。——編者

個人脫離了他們作為國家成員的公共職責，他在第一卷第六章和第二卷第四章中聲稱，「大我」或「團體身份」以「法人」的形式出現，這個「法人」不過是集體行動的公民本身。相比之下，僅受公共意志限制的公民自由，以及公民自治或公民遵守自己制定的法律所呈現的道德自由，是古代原則，首先是羅馬的，其次是希臘的，盧梭在《社會契約論》第一卷第八章中對其所下的定義不包括金融和代表制。

古代立法者試圖建立將公民與他們的國家緊密相連的關係，而現代國家的法律只要求服從權威，把我們對自由的追求從公共領域轉移到私人領域。盧梭在《致達朗貝爾論戲劇的信》中問道：如今公民間的和諧在哪裏？「公共的兄弟情誼」在哪裏？[20] 在《論波蘭政府》一書中，他也同樣呼籲波蘭青年重燃古代制度的精神(本書第二章的標題)，從而讓他們作為真正自由國家的公民，熟悉「平等」和「博愛」。[21]他認為，雖然自由曾經與平等和博愛聯繫在一起，但代表制破壞了博愛，而金融破壞了平等。因此，在現代世界裏，去除與古代世界的關聯，自由實際上只意味着追求個人利益。

通過將自由、平等和博愛的思想聯繫在一起，盧

20 《全集》第五卷，第121頁；《致達朗貝爾論戲劇的信》，第133頁。

21 《全集》第三卷，第966、968頁；《〈社會契約論〉及其他晚期政治著作》，第189、191頁。

梭似乎已預見到即將來臨的法國大革命，即使他將目光投向了過去的世界。馬基雅維里的《李維史論》激起了他對古代共和自由的崇高敬意，但是在他自己的作品中，這種敬意被全新的激情點燃，因為與馬基雅維里不同，他認為人性永遠受制於變化，雖然已經墮落，但至少在原則上仍然可以改進。他在《日內瓦手稿》[22] 中宣稱，讓我們「從罪惡本身獲取可以治癒它的解藥」，並在幾年後在《愛彌兒》第三卷中補充道：「我們將進入危機狀態和革命時代。」「我認為歐洲大君主國不可能存活太久。」[23] 這一主張無意進行政治勸誡，與他同時期的其他人物也以類似的熱情表達過同樣的觀點。他們希望文明世界仍然能夠避免動亂。但如果盧梭自己渴望徹底改變全人類的政治未來，同時抱有些許希望的話，他的《社會契約論》所闡述的原則或許會在法國大革命的進程中受到尊重，就像它們構成了新法蘭西共和國的十誡一樣。

路易斯．塞巴斯蒂安．梅西埃認可了這一點，他所著的《盧梭：法國大革命的先驅作家之一》可追溯到1791年。伯克在同年發表了《致國民議會成員的信》，在文中譴責了「瘋狂的蘇格拉底」，他激發了人們道德構成的完全破壞性重生，而且為了對其表示

22 《全集》第三卷，第288頁；《〈社會契約論〉及其他晚期政治著作》，第159頁。

23 《全集》第四卷，第468頁；《愛彌兒》，第194頁。

圖17　位於楊樹島的盧梭的墓（莫羅雕刻）

紀念，巴黎的鑄造廠隨後用「窮人的水壺和教堂的鐘」鑄造雕像。1789年6月推出的國民議會的革命性辯論在很大程度上圍繞着公共責任問題，盧梭在《論波蘭政府》中對其表示堅持，從而確保波蘭議會議員能承擔得起選民的授權，忠於國家的意志。[24] 雖然西耶斯及其他主張不受約束的代表制的人比支持代表制的人數量更為眾多，但盧梭主張的原則的吸引力在法國大革命期間頗為強烈，以至於在1801年，在經歷了十二年現代世界最大的政治動蕩後，《法國公報》報道說，《社會契約論》是生命之書，引發且預見了這些事件。

24　《全集》第三卷，第980頁；《〈社會契約論〉及其他晚期政治著作》，第202頁。

拿破侖·波拿巴並沒有注意到盧梭對科西嘉的貢獻，但即使如此，拿破侖的出現也引發了該作品新版本的出現。盧梭還將其獻給成為法國第一公民的拿破侖，彷彿文中提到的「公共意志」實際指的是「將軍的意志」。無論在古代，還是在現代，沒有哪位政治思想家比盧梭更加受人敬仰。1794年，在恐怖統治時期之後，盧梭的遺體被從埃默農維爾的楊樹島遷葬到巴黎的先賢祠，伴隨着慶祝盛典，他被譽為這個民族的英雄，而這個國家的政治、文化和宗教卻是他最為憎惡的。此外，他被再次安葬在伏爾泰的對面，這對他而言無疑是永恆的折磨。

1762年，盧梭幾乎沒有預料到自己會成為典範。從表面上看，他的《社會契約論》一經面世立即引發了一場醜聞：書在法國的發行被禁止，他被迫逃離法國以避免牢獄之災，結果卻因為同樣的公憤而被禁止前往日內瓦。然而，引起真正不安的並不是他關於自由或主權的思想。

他被視為社會秩序的威脅，主要是因為《社會契約論》倒數第二章關於公民信仰的內容，以及幾乎在同一時間發表的《愛彌兒》中表述的被視為褻瀆神明的類似思想。因為對基督教不敬，他的政治體系被認為是不道德的、具有煽動性的。

第五章
宗教、教育和性

在古代，每個國家都有各自信奉的神。盧梭在《社會契約論》第四卷第八章中評論道，神的權威被政治疆界所限制。首先是猶太人，然後是基督徒，他們向上帝表達了敬意，但地球並不是上帝的天國，人的世俗地位和精神主導權有時候不能相互匹配，從而導致宗教與政治的分裂。羅馬人在他們的帝國傳播信仰，他們質疑其他國家的基督徒所宣稱的對政治的冷漠，擔心他們最終會反叛，並迫害羅馬人。盧梭適時地觀察到，當時部分基督徒確實放棄了他們的謙卑，宣稱對上帝的屬地擁有主權，建立了現代世界最殘暴的專制統治制度。在盧梭所處的時代，政治和神學的身份在任何地方都是混亂的，甚至在當時的穆斯林中也是如此，因此「基督教精神完全贏得了勝利」。牧師行使社團權力，他們憑借聖職所要求的起居制度和將人驅逐出教會的權利，實現對君王的控制。相比之下，在英國和俄羅斯，君王自己成了教會的領導人，同樣有可能造成宗教和世俗主權之間產生分裂的風險。在基督教作家中，霍布斯是唯一認識到這種情形會對國內和平產生威脅的人，他正確地提出，世俗和宗教的權力應該歸於同一個人手中。但是他沒有考慮到基督教帶來的危險，也忽略了這樣一個事實：無論權力集中在什麼地方，君主的特殊利益總是比國家的共同利益更能得到政府的有力支持。

對基督教顛覆人民主權的神聖基礎進行反思之後，盧梭從社會維度將宗教信仰分為三種主要類型：人類的宗教、公民的宗教和牧師的宗教。第一種是對《福音書》的簡單信仰，它消解了人對國家所有的忠誠；第二種，把神聖的崇拜與對法律的熱愛結合起來，使人容易相信，也使人缺少寬容；第三種，使個人承擔宗教制度和君主政府下兩種對立的義務，使個人與自己及其同胞產生矛盾。盧梭認為，這三種類型的宗教信仰都對國家有害，第一種最為有害，而人們會錯誤地認為第一種是想像中最好的，因為它要求信徒們具有共同的信仰和深信不疑的虔誠。事實上，一個由真正的基督徒組成的社會在精神上可能會非常完美，它的公民完全不關心世俗的成功或失敗。公民只有在尊崇宗教的意識下才會履行他們的職責，並且決心確保他們的靈魂得到救贖。盧梭質問道：信仰基督教的國家怎麼可能對抗「被對榮譽和國家的強烈熱愛吞噬」的斯巴達或羅馬的愛國戰士呢？真正的基督徒是被奴役的，比起追求公共的善，他們的信仰更容易屈服於暴政。

國家要從其公民身上汲取真正的力量，就必須培育公民信仰一種宗教，使每個公民熱愛自己的職責，而不是通過教規、聖禮和教條來侵犯公民的信仰。國家必須要求它的公民有一種純粹的公民信仰，君主的規定僅僅是為了激發公眾社會性的情感，其信條應該是只接受全能、智慧、仁慈的神性唯一存在，接受社會契約和法律的神聖性，以及對不寬容者的放逐。由於信仰本身無法強制要求，主權者只能把所有不可避免會對社會結構產生威脅的不寬容者驅逐出其領土，甚至可能將那些背叛公民效忠宣誓內容的個人(在法律面前撒謊，暴露出違反法律並犯下罪行的)處以死刑，而他們的這些行為並非為了褻瀆神明，而是為了煽動暴亂。盧梭在其評論中尤其強調相同的主題，他從《社會契約論》開始便預見，並且在1756年給伏爾泰的《天命書簡》[1] 中進行了闡述。盧梭提出，神學上的不寬容一定會帶來險惡的政治後果。他在文章倒數第二章的附註中提到，也許由於他想要竭力克制讓他頗為不習慣的謹慎，在他的著作付印之際他還在抱怨，對公職和私人遺產的監管及牧師對民事婚姻契約的控制對國家的根基構成了威脅。在1685年廢除《南特敕令》和1724年頒布規定天主教對新教婚姻和洗禮進行賜福祈禱的法令之後，盧梭在《日內瓦手稿》相應的段落中更明確地抨擊了法國對新教徒的不寬容。

1 《盧梭書信全集》，第424頁。

盧梭認為，法國的新教徒只有在脫離自己的宗教信仰後才能結婚，他們在被禁止的同時又被容忍，就好像官方政策規定，他們應該以非法婚姻的方式生活和死去，生下無依無靠的私生子。盧梭總結道：「在所有的基督教教派中，新教徒是最明智、最溫和、最和平、最合群的。」這是唯一允許法治和公民權利的權威佔上風的基督教會。[2]

盧梭強調羅馬天主教不適合作為國教，他在《社會契約論》中對寬容的呼籲與洛克1689年寫的《關於寬容的一封信》有相似之處，儘管盧梭強調古代共和國立法者所建立的政治鞏固關係的章節更多地歸功於柏拉圖的《法律篇》及更重要的馬基雅維里的《李維史論》，馬基雅維里也同樣認為羅馬的民間宗教比羅馬基督教對上帝之城的崇拜更有吸引力。在所有現代思想家中，馬基雅維里給盧梭留下了最深刻的印象，不僅因為他對自由的熱愛，還因為他對宗教在公共事務中所處地位的深刻理解。然而，儘管他們之間存在明顯的相似性，他們在宗教哲學上的區別也同樣明顯。因為馬基雅維里贊成宗教信仰，認為宗教信仰促進了公民的愛國精神，盧梭也熱切地關注宗教信仰的本質，但與馬基雅維里不同的是，他的啟發源自耶穌的生平和事例、《福音書》，以及一些使徒的教義。他曾為自己在上帝宇宙中所處的位置而感到困惑和驚

2　《全集》第三卷，第344頁。

奇，這一點也曾經對聖奧古斯丁造成困擾，他的自傳《懺悔錄》用全新的表述呼應了這一點。如果說盧梭對宗教政治影響的理解是受到了馬基雅維里的影響，那麼他對宗教信仰本身，以及他對牧師聖職和教堂的看法也同樣是宗教改革的產物。在西歐已經相對世俗的文學界，盧梭強烈的宗教信仰幾乎是獨一無二的。雖然他不相信人類最初失去了上帝的恩典，他在《論不平等》《論語言的起源》及幾部短篇作品中描繪了整個人類歷史中罪惡的產生，顯然是以現代的筆觸對《創世記》中人類離開伊甸園、建造巴別塔進行了重述。他在《社會契約論》《論波蘭政府》及其他地方對立法者和建立新國家的評論，是對《出埃及記》的再現。像基督教神學家貝拉基一樣，他相信人性的本質是善良的，是由上帝塑造的；像阿伯拉爾一樣，他對愛洛伊絲的禁忌之愛塑造了十八世紀最成功的法國小說，他深信理性的力量能夠理解上帝的啟示；像帕斯卡爾一樣，他在動蕩世界的滄桑中所堅持的信念被一種深刻的內心之光所照亮。

除非是音樂，其他任何主題都無法像對上帝的愛那樣深刻地打動盧梭。音樂成為他作品中一個永恆的主題，從1739年左右受華倫夫人信仰天主教的影響起草早期祈禱文，到1764年在《山中來信》中回應他的批評者以辯護他的宗教信仰，再到他生命最後階段創作的《一個孤獨漫步者的遐想》（主要創作於1777年）

中所闡述的自然宗教，在其中他描述道，就像上帝那樣，他對自己的存在完全找到了一種自足感。[3] 在他的大量信件中，尤其是1762年1月26日寫給出版負責人馬勒澤布[4] 的信，以及在1769年1月15日寫給洛朗·艾蒙·德·弗蘭基耶爾[5] 的信中，盧梭讚美了真摯信仰所帶來的喜悅：首先，他為神的存在而欣喜，對自然奇跡的無限擁抱使他狂喜；其次，他對個人自發被上帝和真理吸引的內在情感，以及對濫用才能而導致的罪惡進行了思考，他的這些觀點獲得了史無前例的大量評論。但最重要的是，在《愛彌兒》的一篇長篇文章《薩瓦牧師的信仰告白》中，盧梭對上帝的信仰得到了最充分、最雄辯的闡述。1761年，在《新愛洛伊絲》的結尾部分，盧梭小說中的女主人公朱莉把她意外溺水的兒子救出來後，在臨終前說出了一個新教女人的信條：「在新教團體中，《聖經》和理性是唯一準則。」[6] 朱莉的身份只是虛構的，然而，她的創作者讓她說出了自己的想法。在《愛彌兒》裏，朱莉最終要成為一個流放的修道院院長(以盧梭年輕時認識的兩個牧師為原型)，離開能看得見阿爾卑斯山的一座小鎮外的山坡，成為一個年輕的流放者。盧梭以第一人

3　《全集》第一卷，第1047頁；《一個孤獨漫步者的遐想》，第89頁。
4　《盧梭書信全集》，第1650頁。
5　《盧梭書信全集》，第6529頁。
6　《全集》第二卷，第714頁；《新愛洛伊絲》，第586頁。

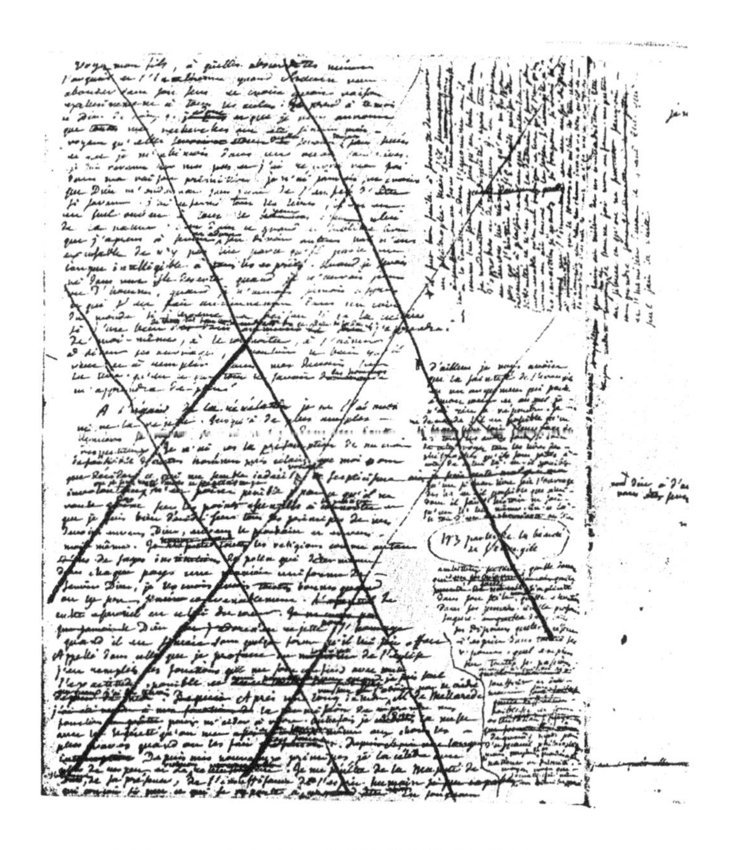

圖18　《法弗爾手稿》中《薩瓦牧師的信仰告白》書頁

稱的形式呈現於自己面前，為作品中描繪的弟子及所有讀者樹立了榜樣，這就好像是作者的登山寶訓。

盧梭將《薩瓦神父的信仰告白》分為兩個部分，並且以講述者和愛彌兒的家庭教師身份出現，採用一種虛構的方式回憶起曾經稚嫩的他沉迷於對牧師的崇高頓悟；他看到了另一個宇宙，就像他在現實中拜訪在文森監獄裏的狄德羅時所看到的。在第一部分中，他描述了人性的二元性：一方面是感覺的惰性，上帝是讓所有事物運動的外部和最終的煽動者，也是最高智慧，罪惡的責任應該由人類獨自承擔，另一方面人類又有獲得幸福和美德的能力。在第二部分中，他譴責了人對奇跡和教條的信仰，以及教會通過違背理性的《聖經》和神秘主義對普世權威不容異己的自命不凡。盧梭在第一部分旨在反駁當時一些主要哲學家的懷疑論和唯物主義，提供了他關於宗教與自然相一致的論述；第二部分通過抨擊羅馬天主教的偏執和迷信，闡述了他對被視為啟示錄的宗教觀念的批判。

洛克在《人類理解論》第四卷的第三章和第六章中聲稱，至少可以想像，如果上帝願意給物質增加思考的能力，就可以用思想的力量使感覺遲鈍的粒子活躍起來。在隨後專門論述「我們對上帝存在的認知」這一章中，實際上他預見了盧梭的一些觀點，他堅持認為，物質本身是不可能思考的。他在這個問題上的大部分言論都是為了反對當時的唯物主義者，主要是斯賓諾莎主義者，他們所主張的是他所否認的觀點。但是，他所提出的上帝可能讓物質思考的觀點引發了十八世紀早期神學家和哲學家的眾多反駁，他們當中大多數人將這一論斷與洛克在其著作同一部分中進一步提出的觀點聯繫起來，即道德和宗教的真理並不取決於靈魂的非物質性。

伏爾泰在1734年《哲學通信》中評論了洛克的觀點，法國十八世紀中期的唯物主義者，包括莫佩爾蒂和拉美特利，從中獲取了靈感；其中一些人(如狄德羅)強調了有機物固有的應激性和生命力，另一些人(如霍爾巴赫)認為所有現實都僅存在於物理世界裏，從而認為精神實體、靈魂，甚至上帝都是虛幻的。孔狄亞克在其1754年《感覺論》中，試圖從純粹的感官經驗中構建一個關於人類智力形成的理論；發表在1756年出版的《百科全書》第六卷中的《證據》一文，其作者可能是弗朗索瓦·魁奈，這篇文章也提出了相似的論點，認為感覺能引起判斷；1758年，《論精神》震驚了教會，比後來《愛彌兒》激起了更多的官方憤慨，愛爾維修將這種判斷與感覺的關聯作為他整個作品的基石。洛克關於物質可能進行思考的主張和愛爾維修關於判斷就是感覺的推論，共同構成了盧梭進行批判的主要焦點，這也是盧梭在《薩瓦牧師的信仰告白》中證明上帝存在的主要出發點。

在《薩瓦牧師的信仰告白》[7]，以及盧梭後來給德．弗蘭基耶爾先生的信中[8]，「無論洛克怎麼說」，他都認為物質可以進行思考是「完全荒謬」的假設，並對其進行了譴責。牧師說，要使物質進行思考是不可能的，因為物質所遵循的任何運動都不會引起思考。尤其和愛爾維修相反，他斷言，人所做的判斷並不來自他們的感覺，因為雖然物體可能會通過被動的感覺留下印象，我們不可能對事物之間的關係有自動的印象。除非我們積極地解讀我們的經歷，從而形成自己的判斷，否則我們永遠不會犯錯誤或者被欺騙，因為我們的感覺將永遠代表事實。因此，愛爾維修的哲學並未能賦予我們「思考的光榮」。[9] 唯物主義者之所以會犯錯是因為他們對內心的聲音充耳不聞，這種聲音讓盧梭確信我們對自身存在的感覺無法由無組織的物質產生，因為無組織的物質本身就缺乏產生思想的能力，而思想必須產生於某種自我驅動的動因，一種意志的自發行動或自發表達。這是盧梭的第二(他自認為這是第一)信條。[10]

他坦言，他最初處於笛卡爾為追求真理所要求的那種懷疑狀態，在意見的汪洋大海中漂泊，沒有舵，

7 《全集》第四卷，第584頁；《愛彌兒》，第279頁。

8 《全集》第四卷，第1136頁。

9 《全集》第四卷，第571–573頁；《愛彌兒》，第270–272頁。

10 《全集》第四卷，第576、585頁；《愛彌兒》，第273、280頁。

沒有羅盤，洶湧的激情和哲學家指導的缺乏讓他左右搖擺缺乏方向；哲學家們都一致認為，他們之間應該彼此不同，甚至連自稱是懷疑論者的人，在他們的破壞性批評中也堅持教條主義。[11]他在哲學中找到了更多的理由來忍受折磨，而未能從這種懷疑中解脱出來；他轉向自己內心的光明，轉而願意讓自己的心引導自己擁抱對真理的純樸之愛。這樣，他很快找到了自己的存在感，並發現有些感覺一定是源自外部，因為他並沒有靠自己的意志將其喚醒。他能從他的感覺本身感知到，感知的對象和來源都獨立於他本身之外，從而見證了他之外的其他實體的存在。看到宇宙形成的物質運動，他明白了沒有方向就沒有運動，沒有目標就沒有方向。確定的運動引發意志，而意志引發智慧。牧師説，這是他的第二信條。他認為，這種意志顯然是明智而富有力量的，它瀰漫在旋轉的天空中、落下的石頭中、隨風飄動的樹葉上。「我在上帝創造的萬物中看到了上帝無處不在」，他聲稱，「我能感覺他在我體內。」[12]

除了知道宇宙存在的必要性外，牧師對宇宙的秩序一無所知，儘管如此，他仍然對造物主的技藝表示贊嘆。而且，在對自己的思想進行反思後，他可以看到他的意志獨立於他的感官之外，允許他人同樣擁有

11 《全集》第四卷，第567–568頁；《愛彌兒》，第267–268頁。

12 《全集》第四卷，第578、581頁；《愛彌兒》，第275、277頁。

獨立的意志讓他看到了，「地球上罪惡」的混亂與自然的和諧完全不同。牧師聲稱，由此出發，即認識並接受人的行動自由，形成了他的第三信條。[13] 他斷言，人類的行為不當源於自由選擇，不能歸咎於上帝，因為上帝是善良和公正的。[14] 抱怨上帝未能阻止我們作惡，這是在抗議上帝將道德賦予人類，正像盧梭在1756年給伏爾泰的信中所說的那樣，上帝賦予了我們自由，我們可以選擇善，拒絕惡。上帝使我們有能力做出選擇，就意味着上帝不會為我們做出選擇。當我們濫用我們的能力作惡時，我們的行為並不代表上帝，而是代表我們自己。「人啊，不要再尋找邪惡的始作俑者了。就是你自己！」牧師高呼[15]，彷彿是在概括撒旦在彌爾頓《失樂園》中說過的話，盧梭把這些話抄寫在《新愛洛伊絲》第十章的銘文上：「你想逃到哪裏去？」「靈魂在你心中。」[16]

與洛克相反，薩瓦牧師堅持靈魂的非物質性和它的不朽性，儘管他聲稱不知道惡人是否會遭受永恆的詛咒，甚至對他們的命運表示漠不關心。完全遵從內心的情感，他發現自己至少可以做出決定自己命運的道德判斷。「我一生中所犯下的所有罪惡都是因為缺

13 《全集》第四卷，第583、586–587頁；《愛彌兒》，第278、281頁。

14 《全集》第四卷，第593頁；《愛彌兒》，第285頁。

15 《全集》第四卷，第588頁；《愛彌兒》，第282頁。

16 《全集》第二卷，第770頁；《新愛洛伊絲》，第504頁。

圖19　格拉沃洛畫的《新愛洛伊絲》中的整頁插圖「你想逃到哪裏去？」（阿姆斯特丹，1761年）

少反思」，盧梭後來在給米拉博侯爵[17] 的一封未寫完的信中哀嘆道，回憶從奧維德、保羅到羅馬人的著名詩句，「我做的那點好事是出於一時衝動」。尤其受到英國哲學家和神學家薩繆爾·克拉克《關於上帝的存在和屬性的論述》的啟發後，他在《薩瓦牧師的信仰告白》、在寫給德·弗蘭基耶爾先生的信中，以及其他作品中，把這種本性的衝動稱為良心，稱為「一種天生的正義原則」[18] 或靈魂內在的聲音，它們之間

17　《盧梭書信全集》，第5792頁。

18　《全集》第四卷，第570、598、1135頁；《愛彌兒》，第269、289頁。

的關係正如本能與肉體的關係一樣。良心！這個不朽的聲音是美德的萬無一失的嚮導，牧師聲稱，他為上帝的恩賜而祝福上帝，卻不向上帝祈禱。他能要什麼呢？不用索求行善的能力，因為他生來就已經有這種能力。也不能要求上帝替他乾活，而他自己收工資。上帝不是已經賜予了他愛善的良心、識善的理性和擇善的自由嗎？[19]

在《薩瓦牧師的信仰告白》第二部分的最後，牧師講述他想繼續擔任教區牧師的抱負飽受挫折；他請求年輕的盧梭要真誠，要在不寬容的人中弘揚人道主義精神，並將自己信奉的自然宗教與教條主義的信仰、神跡和啟示對立起來。他說，面對大自然給我們的眼睛、心靈、判斷力和良心帶來的巨大震撼，竟然還需要其他宗教，這似乎很奇怪。然而，我們被告知，需要通過啟示來教導人類如何侍奉上帝。[20] 僅在歐洲，我們就有三種主要的宗教。第一種只接受一種啟示，第二種接受兩種啟示，第三種接受三種啟示，每種宗教都厭惡並詛咒其他兩種；它們的書甚至對於識字的人而言都幾乎無法理解，猶太人無法理解希伯來語，基督徒無法理解希伯來語或希臘語，土耳其人無法理解阿拉伯語。在每種情況下，每個人僅需要知

19 《全集》第四卷，第605頁；《愛彌兒》，第294頁。

20 《全集》第四卷，第607–608頁；《愛彌兒》，第295頁。

道書本中的內容。總是書！歐洲到處都是書。[21] 在每種情況下，上帝的使者各自詮釋上帝的意圖，設法讓上帝說出他們想要傳達的內容，通過使用對其他人而言是神秘的符號和奇跡，來為迫害異教徒進行辯護。一個沒有奇跡的世界將是最偉大的奇跡。[22]

當使者們不在國內追捕異教徒的時候，上帝啟示的傳播者就會派遣傳教士到國外傳教，威脅所有不理會他們的人將面臨永久的詛咒。他們幾乎不敢走得太遠。被奴役在後宮的東方妻子的靈魂會等來什麼樣的命運？會因為隱居而下地獄嗎？[23] 牧師承認，聖潔的福音當然是在向牧師的心靈訴說。當然，耶穌的教導中有一種崇高的恩典，就像蘇格拉底的智慧一樣崇高。耶穌的生與死表明耶穌是神。但同一福音中有太多的東西是不可思議的，是與理性相抵觸的，是任何一個明智的人都不可能接受的。[24] 讓神的話語少一些神秘。難道他賦予我們理性的能力，只是為了禁止我們使用它嗎？我們獨立侍奉他不行嗎？「我所崇拜的上帝並不是影子之神。」牧師堅稱。[25] 讓我們合上所有的書本，擁抱他樸素的真理，因為它是用各種語言記錄的，所有人都可以接觸到，就在打開的自然之書

21 《全集》第四卷，第619–620頁；《愛彌兒》，第303頁。
22 《全集》第四卷，第612頁；《愛彌兒》，第298頁。
23 《全集》第四卷，第622頁；《愛彌兒》，第304–305頁。
24 《全集》第四卷，第625–627頁；《愛彌兒》，第307–308頁。
25 《全集》第四卷，第614頁；《愛彌兒》，第300頁。

中。[26] 啟示之神使用太多語言了。「我寧願聽上帝自己說……上帝和我之間隔着太多人了！」[27]

盧梭在《社會契約論》和《愛彌兒》中對宗教和基督教本質的這種思考，在法國的教會中根本不受歡迎，盧梭對此應該不會感到過於驚訝。伏爾泰採取了足夠的謹慎措施，從法國邊境比較安全的一側宣傳他對羅馬天主教最嚴厲的譴責。但是盧梭在荷蘭和法國同時出版了《社會契約論》和《愛彌兒》之後，卻恣意寫作，顛覆了他原有的尊貴形象，他對當時居住國家的官方反應毫無準備。他的作品在日內瓦被禁，他無法逃回祖國，這使他更加沮喪。1762年8月，巴黎大主教發佈命令，譴責《愛彌兒》有害的教義。在此之前索邦神學院已經正式譴責了這篇文章，而巴黎市議會下令讓劊子手將其焚毀。此時，盧梭已經逃離了法國。「你唯一能證明我有罪的證據就是原罪」，他在回信中提出了抗議——《致博蒙書》也是他關於神學的著作中篇幅最長的一部，發表於1763年初。上帝讓我們清白無辜怎麼會只是為了證明我們是有罪的，從而把我們扔進地獄呢？他問道。難道嚴厲的原罪教義主要不是聖奧古斯丁和神學家的發明，而是《聖經》的精髓嗎？我們不是都認為人性本善的嗎？你說人性是惡的，因為他本來就是惡的，而我現在卻告訴你人

26 《全集》第四卷，第624–625頁；《愛彌兒》，第306–307頁。
27 《全集》第四卷，第610頁；《愛彌兒》，第297頁。

性是如何變惡的。我們中誰最接近第一原理？盧梭堅持認為，《愛彌兒》是寫給基督徒的，通過洗禮洗淨了原罪，就像亞當最初被上帝創造時一樣純潔。[28]

盧梭本想在日內瓦避難，但1762年6月，日內瓦政府小議會燒毀了《愛彌兒》和《社會契約論》，因為它們被認為褻瀆神明，威脅公共秩序和宗教。盧梭被迫逃亡，先是逃到伯爾尼境內的伊弗頓，然後逃到附近的莫蒂耶，後來村民用石頭砸他的房子將他趕了出來。起初，他熱切地希望他的同胞在代表他提交的意見書中，讓他重新回到他們中間。但他發現政府的支持者，即反面派(Négatifs)，對這些代表的反對極為有力，很快他就對恢復他的政治公民權不抱任何希望，他也放棄了他的同胞們。1763年9月，日內瓦總檢察長讓·羅伯特·特龍金把對他的指控放進了該國的一批信件中，他在第二年寫了《山中來信》進行回應，但他在其中只尋求自我辯護。既然新教在原則上是寬容的，而且像《社會契約論》中的公民宗教一樣，只是在對不寬容的譴責上是武斷的，他想知道，一個新教國家的小議會怎麼能採用聖保羅的殘酷迫害手段和宗教法庭的嚴格審判呢？[29] 他還詳細回想了大議會集會的歷史，大議會集會是在面臨飢荒、暴君和戰爭威脅

28 《全集》第四卷，第937–940頁。

29 《全集》第三卷，第702、716、781頁。

時「對共和國的救贖」[30]，他現在出於愛國精神譴責一個國家政體的墮落，他認為這個國家政體曾經為歐洲其他國家樹立了光輝的榜樣，是他的《社會契約論》維護了這樣一個出色的典範。當然，正如他自己已經表明的那樣，阻止政治腐敗是不可能的。他評論說，由於「自然發展」，日內瓦政府改變了其形態，「從多到少逐漸改變」，似乎要用一個具體的例子來預示羅伯特．米歇爾斯的寡頭政治鐵律。[31]「沒有什麼比你們合法的國家更自由；沒有什麼比你們現在的國家更具有奴性的了。」盧梭總結道。[32]

一個忠誠公民出於真誠信念的這些抗議，受到日內瓦各地及其他許多地方的讚揚，這些抗議後來啟發了年輕的黑格爾和其他熱愛自由的人，讓他們同樣被在自然中顯現的非神秘的上帝所吸引。但是，這很難使盧梭受到當時主權者的喜愛，巴黎大主教和日內瓦小議會都認為《愛彌兒》和《社會契約論》是對一切現存權威的威脅。所有基督教的教會都阻隔在盧梭和上帝之間，所有現代國家的政府都阻隔在人民和主權之間。制度替代個人意志和集體行動的力量，剝奪了民族的精神和公民的身份，這是當代文明的主要道德災難。盧梭認為，良心的自由需要直接來自上帝的話

30 《全集》第三卷，第856頁。

31 《全集》第三卷，第808–810頁。

32 《全集》第三卷，第813頁。

語，正如立法的集會自由需要一個無代表的主權。反啟蒙主義神學和專制的權力一起使人依賴於他人的意志，因此，正是這些力量的代理人最渴望壓制它們，這些代理人據以理解自身的視角是，盧梭對自由的籲求挑戰了他的哲學思想。

為了克服對他人的依賴，實現自力更生，盧梭在《愛彌兒》一書中提出了一項教育計劃，其核心目標是將兒童從成人期望的暴政中解放出來，這樣他們的能力就可以在適當的時候不受約束地發展。在第一本書的開頭，他根據不同來源將教育分成三種類型：自然、事物和人。他提出，只有同時接受這些管教形式的孩子才能得到很好的培養。但他接着又指出這種全面的教育必然非常困難，因為自然人完全為自己而活，而為整個社會而活的公民則必須改變天性，其獨立身份轉變為一種相對的存在，使其成為更大整體的一部分。然而盧梭認為，如果自然教育或家庭教育能夠以某種方式與公民教育相結合，那麼人類的矛盾就可能被消除，這是人類幸福的主要障礙。[33] 一些解讀盧梭理論的人認為，這種和解是《愛彌兒》的主要目標。因此，《愛彌兒》可以被理解為兒童走向公民身份的發展手冊，而公民的責任在後面的文章中得到了概述，並在《社會契約論》中得到了詳細論述。但是《愛彌兒》中有一小段是專門講政治的，大約有二十

33 《全集》第四卷，第247–251頁；《愛彌兒》，第38–41頁。

頁，直到第五卷的結尾[34]，盧梭似乎並不是想要用對公眾生活的崇高教育來為他精心制定的家庭教育計劃加冕。雖然它概括了《論不平等》和《社會契約論》中的一些主題，但它更多的是勾勒了《愛彌兒》以後的研究課題，而不是對政治教育進行充分考量，因為他在當時還尚未準備好。這位導師承認，如果他的學生抱怨他用木頭而不是用人來建造自己的大廈，他也不會感到奇怪。[35]《愛彌兒》大部分結構分散，內容過多，還包含一些關於政治的晦澀段落，這可能是由於盧梭在1750年代後期經歷了一段身體不適以後，擔心這可能是他最後的主要著作。《愛彌兒》出版後，盧梭開始起草一部續作，在他去世後以《愛彌兒和索菲》或《一個孤獨漫步者的遐想》[36] 為名出版。他所描繪的愛彌兒不是一個積極參加公共事務的公民，而是一個絕望地給他的導師寫信的成年人，訴說他的世界已經崩塌，他的妻子拋棄了他，他接受的教育並不能解決他的人性弱點。

雖然愛彌兒的智力和道德的發展是為了擁有男人和女人的陪伴，但盧梭特意採取了一種不加強迫的方式，旨在適合他的天性。文中從未重新塑造愛彌兒的性格，或者為了讓他成為比他個體重要的某個整體的

34 《全集》第四卷，第833–852頁；《愛彌兒》，第455–469頁。

35 《全集》第四卷，第849頁；《愛彌兒》，第467頁。

36 《全集》第四卷，第879–924頁。

一部分而準備接受全新身份，就像盧梭在《社會契約論》中所描述的公民身份和民主主權那樣。相反，他仍然忠實於他在1757年為德皮奈夫人的嫂子索菲·德·烏德托所寫的《道德書簡》中的核心主題。當時盧梭對她一片痴情，他充當了她精神上的懺悔師和心靈上的導師。盧梭只為索菲寫了六封《道德書簡》，主要論述了笛卡爾在《方法論》中所追尋的精神追求的模式。但是這些《道德書簡》被擴展和重新組合後，就成為《愛彌兒》中的部分章節。它們描寫了一個女人和她對幸福的追求，與公民身份的考驗和吸引力幾乎沒有關係，而是聚焦在孤獨個體自力更生和自給自足的主題上。「讓我們從重新成為自己開始，只關注我們自身。」盧梭在第六封信中這樣評論。讓我們努力認識我們自己，剝離那些和我們無關的東西，因為對人類自我和個體自身存在之本質的把握，是通往人類認知的道路。[37]

這也是《愛彌兒》的核心教育主線，尊崇其天性，卻不是《社會契約論》的中心主題。對於盧梭的公民教育計劃，讀者必須轉向他的其他作品，特別是他的《政治經濟學》和《論波蘭政府》，這兩部作品都深受柏拉圖《理想國》的影響。在《愛彌兒》中，他稱讚《理想國》是有史以來最出色的教育專著[38]，

37 《全集》第四卷，第1112–1113頁。

38 《全集》第四卷，第250頁；《愛彌兒》，第40頁。

儘管他清楚地表明了他頭腦中有公共教育的思想，並認為《理想國》中「公民濫交」是「高貴天才」的過錯，他們在不分性別的體育鍛鍊中混淆了兩性，並要求女人變得像男人一樣，因為在讓她們脱離了家庭生活後，柏拉圖不知道她們應該充當什麼角色。[39] 與《愛彌兒》相反，《政治經濟學》和《論波蘭政府》對公共教育問題尤為關注，因此，這兩部作品呈現出很多《理想國》的影子。在《政治經濟學》中，盧梭談到了使人熱愛其職責及法律的藝術，以及通過樹立公民美德和愛國主義的榜樣來教育公民行善的藝術。[40] 盧梭提出在政府規定的公民教育的名義下，在平等的懷抱中養育年輕人被認為是國家最重要的職能之一，因為公民不是一天就能形成的，為了擁有他們，必須從小教育他們。[41] 在《論波蘭政府》第四章中，盧梭描述了嬰兒從出生那刻起就需要凝視自己的祖國，這樣他們母親的乳汁中就會滲入對祖國不可磨滅的愛，直到死前，他們都不會割斷這種連接。[42] 在文中，盧梭談到了公開表演的體操運動，並根據觀眾的掌聲決

39 《全集》第四卷，第699–700頁；《愛彌兒》，第362–363頁。

40 《全集》第三卷，第251–252、254–255頁；《〈社會契約論〉及其他晚期政治著作》，第13、15–16頁。

41 《全集》第三卷，第259–261頁；《〈社會契約論〉及其他晚期政治著作》，第20–21頁。

42 《全集》第三卷，第966頁；《〈社會契約論〉及其他晚期政治著作》，第189頁。

定是否頒發優秀獎。[43] 在盧梭的所有作品中，都有對柏拉圖的大量引用，除了普魯塔克的作品和《聖經》之外，柏拉圖是盧梭引用最多的權威，而在專門論述公民教育的段落中，以及《致達朗貝爾論戲劇的信》中，柏拉圖的《理想國》對盧梭哲學的影響最為明顯。

也正是這些文字以及《山中來信》，最清楚地顯示了柏拉圖的《法律篇》對盧梭的影響。在《山中來信》的第八封信中，他評論道：一個自由的民族服從明智的法律的過程中，可能會有領袖，但是沒有控制者。[44] 在《政治經濟學》中，盧梭談到了帶給人們正義和自由的神聖而奇妙的法律。[45] 盧梭最為感激的是柏拉圖的法律概念。在他的哲學中，法治對於公民的意義，就像上帝對於愛他的人、君主對於臣民的意義一樣，是一種精神上崇高的存在；法治的權威公認是外在施加的，但同時卻在人的靈魂中感受最深。對於本質上是柏拉圖式的，以及後來基督教式的具有內在約束力的神聖秩序原則的觀念，盧梭增加了自由這一維度和意志這一關鍵要素，從而構成了他的公共意志理論的核心，康德的自治思想和整體道德哲學都從中獲得了極大的啟發。但是《愛彌兒》中只描繪了家庭

43 《全集》第三卷，第968頁；《〈社會契約論〉及其他晚期政治著作》，第191頁。

44 《全集》第三卷，第842頁。

45 《全集》第三卷，第248–249頁；《〈社會契約論〉及其他晚期政治著作》，第9–10頁。

教育的譜系，這些公共生活和公民參與的特徵在盧梭的論述中無足輕重。

像他的許多主要作品一樣，《愛彌兒》在很大程度上被認為是對同一主題的不同觀點的反駁。如果《薩瓦牧師的信仰告白》這部分內容試圖反駁洛克和愛爾維修，那麼整部作品中關於教育的更廣泛的論述，同樣也駁斥了這兩位作者的學說。對愛爾維修而言，這是再次針對他的《論精神》，而對洛克而言，是針對他1693年寫的《教育漫話》。《愛彌兒》序言的第一頁揭示了在洛克作品[46] 之後，盧梭所論述的主題的原創性。後來他的文章對洛克的作品進行了大量的直接和間接引用，最重要的是他在第二卷中的評論——「培養兒童的推理能力是洛克的至理名言」。他在《教育漫話》中提出這一主張，並提出這種教育需要和兒童的能力相匹配。但是盧梭認為洛克整體培養兒童推理能力的體系是荒謬的，沒有什麼比不成熟思想的形成更危險，尤其是從出生到青春期，也沒有什麼比讓兒童經受理性話語的扭曲邏輯更愚蠢。[47]

「大自然希望孩子們在長大成人之前度過童年」，盧梭在《愛彌兒》和《新愛洛伊絲》中都堅持這一觀點，「知道善惡，明白人的職責，這與孩子無關」。[48]

---

46 《全集》第四卷，第241頁；《愛彌兒》，第33頁。

47 《全集》第四卷，第317、323頁；《愛彌兒》，第89、93頁。

48 《全集》第二卷，第562頁；《全集》第四卷，第318–319頁；《愛彌兒》，第90頁；《新愛洛伊絲》，第461頁。

洛克曾説過，可以通過讓孩子們進行分享來培養他們慷慨的習慣，以實際經驗使他們相信最慷慨的人總是最富有的。[49] 然而，在《愛彌兒》中，盧梭清楚地表明，通過直接瞭解才能知道得更清楚。1735–1742年在尚貝里、里昂和巴黎，盧梭曾經給難以管教的小暴君們做家庭教師，他們的反復無常讓他的生活相當悲慘。結合他在三種不同情形下的經歷，他痛苦地認識到，讓孩子聽從我們的意願的唯一方法就是不給任何建議，什麼都不要禁止，什麼都不要勸誡，避免用無用的訓教讓其感到厭煩。[50] 這些訓教與他在年輕時給讓·博諾·德·馬布利所寫的兩份回憶錄初稿中所提出的認真仔細、自覺關心他人的準則大相徑庭，讓·博諾·德·馬布利是他一個可怕的學生的父親，也是歷史學家馬布利以及孔狄亞克的兄弟。[51]到了中年，由於拋棄了自己的孩子，也脱離了讓人焦慮的責任，他也可以更自由地發表言論了。洛克認為，在孩子的房間裏放滿小物件是明智的，這些小物件可以在孩子認為自己只是在玩的時候教他識字，比如把字母粘到骰子上。盧梭驚嘆道：真可惜，他忘記了孩子的求知慾，這種求知慾一旦被激發，就可以不再借用骰子

49 《全集》第四卷，第338頁；《愛彌兒》，第103頁。

50 《全集》第四卷，第364–369頁；《愛彌兒》，第121–124頁。

51 《全集》第四卷，第1–51頁。

ÉMILE,
OU
DE L'ÉDUCATION.
Par J. J. ROUSSEAU,
Citoyen de Genève.

Sanabilibus ægrotamus malis ; ipsaque nos in rectum natura genitos, si emendari velimus, juvat.
Sen : de irâ. L. II. c. 13.

TOME PREMIER.

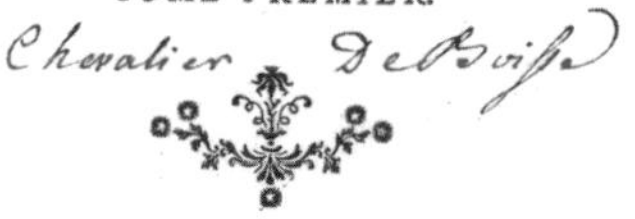

A LA HAYE,
Chez JEAN NÉAULME, Libraire.
M. DCC. LXII.
Avec Privilége de Nosseign. les Etats de Hollande & de Westfrise.

圖20　《愛彌兒》卷首圖和扉頁（1762年）

了。[52] 他在第二卷中補充道：「我絕不認為孩子們根本沒有邏輯能力。」相反，他們在與他們有直接和明顯的利益關係的問題上推理得很好。但是，讓他們以洛克的方式去思考他們不能理解或不能影響他們的事物是錯誤的，比如他們未來的幸福，他們成年後的幸福，或者他們未來受到的尊重。對於沒有遠見、心智不成熟的孩子來說，這些擔憂是陌生的、無關緊要的、不值得關注的。[53]

52　《全集》第四卷，第358頁；《愛彌兒》，第117頁。
53　《全集》第四卷，第345–346頁；《愛彌兒》，第108頁。

和其他教師們一起，洛克認為兒童的身體應該得到鍛鍊，且兒童的身體不應該因為緊身的衣服、腰帶，尤其是法國人的服裝而產生變形，法國人的服裝不僅對孩子是極為不健康的約束，甚至對成年人也是如此——這些觀點當然是正確的。他曾經引用一位塞西亞哲學家說過的一句令人信服的話：「你可以認為我全身都是臉。」這位塞西亞哲學家赤身裸體地行走在雪天，當一個雅典人問他怎麼能把臉以外的東西暴露在寒冷中，他就是這樣回答的。但是，為什麼洛克不讓孩子們的腳去經受高溫的自然災害呢？盧梭認為他在反駁洛克的時候可以說：「如果你希望人類的全身都是臉，你為什麼要責怪我希望他全身是腳呢？」[54]「聰明的洛克」學過醫學，他建議兒童只能少量服用藥物，這也是正確的。但是他應該進一步遵循他自己的邏輯，並且認識到，除非病人的生命處於危險中，否則不應該傳喚醫生，只有這樣除了殺死病人治療師才不會對其造成其他傷害。[55]

盧梭認為，洛克的教育哲學雖然在某些細節上令人欽佩，但整體上卻是錯誤的，因為他把孩子們看作在學徒的崗位上成長的不成熟的成年人，接受技能培養，學習手藝，尤其是記賬的能力，為他們日後成為紳士做準備。在這一點上，洛克的成就在西方文明的

54 《全集》第四卷，第371、374頁；《愛彌兒》，第126、128頁。

55 《全集》第四卷，第271頁；《愛彌兒》，第55頁。

主要思想家中可能是無與倫比的。但盧梭認為，做一個真正的紳士就是成為輿論的玩物，要不斷地討好奉承。他在第五卷開篇補充道，他「沒有培養紳士的榮幸」，因此他很謹慎地知道他不應在這一點上模仿洛克。盧梭彷彿預見了馬克思在《德意志意識形態》中的觀點，馬克思在其中抱怨說，人只是獵人、漁夫、牧羊人或者批評家。而盧梭反對洛克並提出，他不希望他的學生成為繡花工、鍍金工或畫匠，也不希望他們成為音樂家、演員或作家，儘管他的目的主要是將有用的、有促進作用的行業和腐敗的、有損人格的行當區分開，而不是像馬克思那樣抗議強制的勞動分工。[56] 盧梭提出，洛克的整體方法論充滿迷信、偏見和錯誤，其首先構思了教育的終極目的，從上帝的概念、《聖經》的歷史、人性普遍的精神層面開始，然後觸及身體層面。要形成正確的精神概念，必須從身體開始，但是在他過於空靈的教育哲學中，洛克只是設法奠定了唯物主義的基礎。[57]

此外，盧梭還深信，在國內教育這個主題上，愛爾維修的《論精神》構成了唯物主義最險惡的當代例證。在1762年9月寫給讓·安托萬·孔帕雷的一封信

56 《全集》第四卷，第471–473、692頁；《愛彌兒》，第196–197、357頁。

57 《全集》第四卷，第551–552頁；《愛彌兒》，第255頁。

中[58]，以及《山中來信》最初的一些信件的註釋中[59]，盧梭聲稱，他原本打算抨擊這部著名的作品，但後來放棄了對他的批評，從而讓自己跟《論精神》所激起的「扒糞者」劃清界限。現存的《愛彌兒》手稿表明，他對愛爾維修的敵意可能更多是他在1759–1760年的秋冬重讀其作品時產生的，而不是他在一年前第一次讀到這些作品時。但是，除了在《薩瓦牧師的信仰告白》中明顯提及《論精神》之外，他在1759年初《愛彌兒》的手稿(即《法弗爾手稿》)中，也明確表達了對愛爾維修感覺主義哲學的反對，而在最終完稿中卻沒有這些內容，在他閱讀的愛爾維修的書中，他也刪除了大量為了表達相似觀點的邊注，這些書現在存放於巴黎國家圖書館。[60]從《論精神》第一論的開篇開始，所有段落都集中在「判斷從來就只是感覺」這一格言及其衍生觀點上。盧梭認為，把客體的直接和被動的印象與對客體關係的主動理解混為一談，是完全錯誤的。

除了《愛彌兒》之外，盧梭在《新愛洛伊絲》的第五部分中，以其成熟的筆觸對教育主題進行了最全面的論述。他抨擊《論精神》及其提出的天才僅僅是

58 《盧梭書信全集》，第2147頁。

59 《全集》第三卷，第693、1585頁。

60 《全集》第四卷，第113、344、1121–1130、1283–1284頁；《愛彌兒》，第107頁。

環境的產物這一論點，因為這就是假設我們的頭腦只不過是柔軟的黏土。盧梭通過交換聖普樂和朱莉以及朱莉的丈夫沃爾馬的觀點，把自己的教育哲學和他所理解的愛爾維修的教育哲學作了最鮮明的對比。沃爾馬在很大程度上代表愛爾維修，他堅持認為，在沒有罪惡或錯誤的自然中，人的任何性格畸形只有可能是因為教養不當。針對這一點，盧梭附加了一份手稿，對《論精神》的作者表示質疑。如果他真的對這個問題進行了認真的思考，他是否還會認為所有人在出生時在精神上都是毫無區別的，只會在成長過程中產生不同。聖普樂斷言，如果我們之間的差異總是完全由於教育的影響，那麼只需要向孩子們灌輸他們的老師希望他們擁有的品質。[61] 聖普樂同意朱莉的觀點，即人在嬰兒期有其獨特的特點及感受，不能過早地加速其成長；與沃爾馬不同的是，聖普樂認為每個嬰兒都有自己獨特的性格和天賦。「教育是萬能的」這一格言成為愛爾維修去世後發表的《論人》中一章的標題，這也促使狄德羅的反對理由略有不同。在盧梭看來，這與對人類發展、個性和自由本質的任何正確理解都是格格不入的。

在《愛彌兒》中，至少通過《新愛洛伊絲》虛構的交換，他提出了一個艱難的藝術手段：沒有戒律的

61 《全集》第二卷，第563–565、1672頁；《新愛洛伊絲》，第461–463頁。

管理及以無為成就有為[62]，這與訓練心智或改善性格正好相反。盧梭告訴他的讀者，所有教育中最重要的規則不是贏得時間，而是失去時間，走一條不同尋常的道路，以確保對孩子的初次教育不會留下印記，「純粹是消極的」。[63] 在《致博蒙書》中，他譴責愛爾維修那種積極教育是企圖過早地讓年輕人形成思想，讓孩子被成人的特點所拖累。相反，他在書中再次把「消極教育」描述為讓兒童能夠自己發展，因此這也是一種唯一有益的教育。[64] 甚至在其《論波蘭政府》所提出的公共教育計劃中，他又一次提出了完全相同的主張。他聲稱，只有符合兒童天性的消極教育才能避免惡習的產生。[65] 因此，他對愛爾維修的駁斥使他在《愛彌兒》和其他作品中傾向於一種人的自然屬性的概念，在某些方面沒有他在《論不平等》中所描述的那樣具有適應性和可塑性。

在追求消極教育的過程中，盧梭建議教師們把書本放在一邊，提供孩子們可以通過親身體驗來學習的課程。有時，在事先精心策劃的情況下，人們感覺會模糊，並認為他們是依賴於事物而不是人，從而保留了自己的自由，正如盧梭在《愛彌兒》中所定義的那

62 《全集》第四卷，第362頁；《愛彌兒》，第119頁。

63 《全集》第四卷，第323–324頁；《愛彌兒》，第93–94頁。

64 《全集》第四卷，第945頁。

65 《全集》第三卷，第968頁；《〈社會契約論〉及其他晚期政治著作》，第191頁。

樣。他提出，閱讀總的來説是童年的詛咒，甚至拉封丹的動人寓言故事都不應該閱讀；這些富有詩意的故事，其背後的道德目的對於孩子而言毫無意義，因為孩子很有可能不理解它們的意思，甚至可能對其中錯誤的性格產生認同感。[66] 既然我們生來在身體和精神上都是不完整的，我們應該被允許自然地經歷我們自然成長的各個階段，從嬰兒期到童年，到青春期，到青年期，然後到成年期，而作為一部自然教育的著作，《愛彌兒》本身大致符合這一點。盧梭在《愛彌兒》第一卷[67] 提出，需求伴隨生活而來，但這與孩子的渴望不同。孩子的渴望是由想像力激發的，是永遠無法被滿足的，從而使其變得暴虐，使他在挫折中變得暴躁。弗洛伊德學派後來將其原因描述為嬰兒多形性反常。孩子不是在他能力的無限擴展中，也不是在他慾望的減少中找到滿足，而是在對能力過度渴望的減少中獲得滿足，從而讓他的意志和力量獲得平衡。[68]

　　隨着孩子身心的發展，初生的激情也逐漸扎根。愛彌兒生來並不是孤獨的，而是像他的所有同類一樣進入道德秩序或社會生活的領域。[69] 盧梭當時以普芬多夫的方式指出，我們的弱點使我們開始社交，我們

66 《全集》第四卷，第351–357頁；《愛彌兒》，第112–116頁。
67 《全集》第四卷，第272頁；《愛彌兒》，第56頁。
68 《全集》第四卷，第304、312頁；《愛彌兒》，第80、86頁。
69 《全集》第四卷，第522、654頁；《愛彌兒》，第235、327頁。

共同的苦難使我們因情感而走到一起，正如我們共同的需要使我們因興趣而走到一起一樣。[70] 憐憫的本能反應，是最初形成的相對情感，會由於孩子對他人苦難的認同並想像其存在而產生。[71] 因此，盧梭在第四卷中提出了他關於憐憫的三條箴言：第一，我們不把自己放在比我們更幸福的人的位置上，而是放在比我們更悲慘的人的位置上；第二，我們同情別人只是因為我們懷疑自己也會不幸經歷這樣的痛苦；第三，我們感到同情，不是因為別人的困境有多少，而是因為他們的不幸有多深。[72] 經歷了先是成年人的陪伴，然後是與他們一樣的孩子的陪伴後，年輕人也會發現，通過那些滋養他們迅速提升的自尊的人們對自己的影響，以及後來對別人如何看待自己的瞭解，他們的渴望也得到了滿足。盧梭提出：讓我們把自尊擴展到他人身上，從而使我們感知到自己的能力對周圍人的重要性；只有把我們天生的自尊變成一種道德美德，並得到認同，我們才能做到這一點。這些論點與他在《論不平等》中提出的論點截然不同的是，自尊與驕傲和虛榮不同，是有益的，而現在看來，自尊和驕傲本身就是腐敗，而不是腐敗的表現。[73]

70 《全集》第四卷，第503頁；《愛彌兒》，第221頁。

71 《全集》第四卷，第505–506頁；《愛彌兒》，第222–223頁。

72 《全集》第四卷，第506–509頁；《愛彌兒》，第223–225頁。

73 《全集》第四卷，第494、534、536、547頁；《愛彌兒》，第215、243–245、252頁。

此外，大自然也同樣規定了孩子會離開童年。在身體發育過程中，人從天真的、沒有慾望的階段，逐漸過渡到青春期初期的激情階段；這一階段更明顯地表現出性別差異，並在心理上認為性別差異很重要，這標誌着孩子的第二次出生。[74] 新激情的激發也意味着，如果要得到充分的享受，就必須接受適當的引導；這樣，為了被愛，年輕人發現必須使自己可愛，因而他對性的需要本身就培養了對友誼的興趣。[75] 尤其是在這部分，但實際上在整部作品中，讀者都能看到人類激情的內在轉化，在沒有愛彌兒老師的幫助下，也能輕鬆地得以實現。盧梭認為，性愛的私慾在愛情的相互作用下得到昇華，從而得以豐富。相反，洛克在評論前往其他國家航行的好處後，在《教育漫話》結尾部分讓其青年紳士步入婚姻殿堂，而這後來也使得他未來的妻子關注到他。盧梭也在《愛彌兒》結尾講述了一部分關於旅行的內容，並提出：只見過一個民族的人，無法真正瞭解人類。[76] 但是他並沒有像洛克那樣在性愛問題上遮遮掩掩，而是在第四卷和第五卷描寫了愛情中性愛的圓滿，以及男人和女人從彼此身上獲得的滿足。

74 《全集》第四卷，第489–490、498頁；《愛彌兒》，第211–212、217頁。

75 《全集》第四卷，第494頁；《愛彌兒》，第214–215頁。

76 《全集》第四卷，第827頁；《愛彌兒》，第451頁。

圖21　莫羅為《新愛洛伊絲》所作插圖《愛的初吻》

盧梭在《愛彌兒》第五卷中評論道，「女人是專門用來取悅男人的」，同時把愛彌兒介紹給索菲，他的導師把她許給了他，就好像上帝答應了亞當對夏娃的需要一樣。索菲在身體上和道德上都具有符合她的種族和性別條件的所有特徵[77]，她性情反復無常，通過簡單的學習也變得虔誠。但是，她雖然意識到自己的天賦，卻很少有機會去培養這些天賦，而只是滿足於訓練自己優美的嗓音去唱出優美的調子，訓練自己美

77　《全集》第四卷，第692–693頁；《愛彌兒》，第357–358頁。

麗的雙腳去優美地走路。[78] 雖然像其他女人一樣，索菲在氣質上比男性更早熟，判斷力也形成得更早，她卻不像男人那樣天生適合追求抽象和思辨的真理，而是如她的名字所暗示的那樣，更善於詭辯。盧梭認為，女人不應該探究邏輯科學的深度，而應該對其進行泛讀，運用她們更強的觀察力來代替男人更強的天賦；少花時間閱讀，更多地注意整個世界，世界才是「女性的書」。[79] 女性絕不是有殘缺的，因為在出生時，女性和男性是平等的，在青春期之前，女孩和男孩幾乎沒有區別。但是，女人和男人在本質上是不同的，在她們的性發展過程中，她們在某種意義上似乎總是保留着她們的童年，雖然不是永遠保持天真，但是始終保持着一種自然的狀態，生孩子才是她們正當的目的。[80]在盧梭作品的最後一段中，愛彌兒跟他的老師宣佈索菲懷孕，這不僅預示着父親的喜悅，更預示着索菲自己生活的圓滿。愛彌兒自己，甚至包括盧梭，認為這個孕育的新生命是一個男孩，一個和他本人相似的家庭教師將會受委託來照顧這個孩子。[81] 索菲討人喜歡卻並不聰明，可靠但並不深邃，愛彌兒鼓

78 《全集》第四卷，第747、750–751頁；《愛彌兒》，第394、396頁。

79 《全集》第四卷，第736–737、752、791頁；《愛彌兒》，第386–387、397、426頁。

80 《全集》第四卷，第698–700頁；《愛彌兒》，第362–363頁。

81 《全集》第四卷，第867–868頁；《愛彌兒》，第480頁。

勵她去進一步完善她最瞭解的女性分內之事。[82] 盧梭認為，女性在氣質和性格上與男性不同，她們不應該接受同樣的教育。[83]

對於主張將婦女從男人的暴政中解放出來的人來說，事實上他們對這些想法的接受程度，就像巴黎大主教對《薩瓦牧師的信仰告白》的態度一樣。在法國大革命的過程中，在1789年《人權宣言》之後，瑪麗·沃斯通克拉夫特指責盧梭錯誤的性別二分法，導致男人對女人享有同樣權利的否定；在她1792年的著作《為女權辯護》中，她表達了作為盧梭教育哲學的狂熱崇拜者的失望，認為盧梭在《愛彌兒》中對婦女的評論與他在《論不平等》中對那些混淆了文明人和野蠻人的抱怨是不一致的。她帶着明顯的正義感提出，盧梭將女人陷入可悲的境地作為她們本性的證據，使她們成為可憐甚至近乎蔑視的對象，從而用對索菲嬌嫩雙腳微不足道的評論，詆毀他對人類的強烈感情。

但是沃斯通克拉夫特錯誤地認為，盧梭因為女性的性別而同情或輕視女性。相反，盧梭崇拜女人，為女人們的陪伴而着迷，為盧森堡夫人的愉快談話和她在蒙莫朗西對他表示的種種友好而傾倒，被威尼斯的妓女祖利埃塔深深吸引。他在第一次歡愉時，發現祖

82 《全集》第四卷，第747–748頁；《愛彌兒》，第394–395頁。
83 《全集》第四卷，第700頁；《愛彌兒》，第363頁。

利埃塔兩邊乳房不一樣大，激情受挫，當他無法進行下去的時候，她曾經輕蔑地勸告他「傑克，別泡女人了，學數學吧」。盧梭在《懺悔錄》中把這描述為他一生中最生動的事件，這也揭示了他的性格。[84]《愛彌兒》在一定程度上是出於他對另一個索菲(索菲·德·烏德托)的愛，她與他文中所描述的索菲有着截然不同的性情和性格。在現實中，這個人比其他所有使他激動的女人都更加難以接近，除非通過文字。盧梭對女人的態度通常是敬畏而不是嘲弄，認為女人對男人的影響力是如此之大，以至於當她們的天性被貶低時，比如當她們成為女演員時，她們要為男人的墮落負責。他在1758年11月8日給圖桑·皮埃爾·萊涅普的信中曾經坦言，這也是《致達朗貝爾論戲劇的信》中的主要內容。[85] 他在書中寫道，「在任何地方，男人都是女人造就的」，他認為女性對男性的道德生活有影響。在《懺悔錄》中，他對政府的描述也大致相同。他堅持認為，永遠不能把兩性分開，因為雙方都依賴於對方——這是他在《致達朗貝爾論戲劇的信》中明確提出的另一個觀點。他斷言：「一個沒有女主人的家庭是一個沒有靈魂的軀體，很快就會墮落。」[86]

《新愛洛伊絲》第三部分的第十八封信，圍繞着

84 《全集》第一卷，第320–322頁；《懺悔錄》，第300–302頁。

85 《盧梭書信全集》，第730頁。

86 《全集》第五卷，第80頁；《致達朗貝爾論戲劇的信》，第88頁。

朱莉和沃爾馬的婚姻，構成了整部小說中浪漫、圓滿和最具吸引力的部分。同樣，在《愛彌兒》中，關於索菲和女性的段落主要是描述一個人的身份形成，從一個獨立的胚胎到由性別差異產生的夫妻關係。盧梭的主要目的不是否定索菲的公民權利或她丈夫的解放教育。相反，它是要以「愛人的真正哲學家」柏拉圖的方式表明，人類的靈魂是如何被愛所佔有的，就像盧梭在《新愛洛伊絲》中對自己的描述那樣。[87] 這是為了向他的讀者說明「物質的東西是如何不知不覺把我們引向道德的，以及最甜蜜的愛的法則是如何從兩性的粗野結合中一點一點地產生出來的」[88]；丈夫和妻子的互補屬性形成了一種充分發展的道德存在或道德人，如果一個女人的角色是獨立確定的，就無法實現其凝聚力。這種婚姻的結合是在家庭環境中實現的，是由身體和精神上的自尊的需要所促成的，完全不同於《社會契約論》中所描述的那種政治團體中的公民的公開集會。愛讓伴侶彼此聯繫在一起，而不是跟國家聯繫在一起。盧梭在《愛彌兒》第一卷的開頭提出，在被迫與自然或社會制度做鬥爭的情況下，一個人必須在成為一個人或成為一個公民之間做出選擇。他用類似的措辭，在一些支離破碎的筆記中對公共幸福的主題進行了評述。「將人完全交給國家，或者完

87 《全集》第二卷，第223頁；《新愛洛伊絲》第183頁。

88 《全集》第四卷，第697頁；《愛彌兒》，第360頁。

全留給自己，但如果你把他的心分開，你就把它撕碎了。」[89] 必須把自然的學生從社會中解救出來，把他還給他自己，就好像他是孤兒一樣。[90] 唯一尤為適合他的一本書，而且在很長一段時間裏都將是他的唯一藏書的是笛福的《魯濱孫漂流記》。[91]

89 《全集》第三卷，第510頁；《全集》第四卷，第248頁；《愛彌兒》，第39頁。

90 《全集》第四卷，第267頁；《愛彌爾》，第52頁。

91 《全集》第四卷，第454–455頁；《愛彌兒》，第184頁。

第六章
流浪者的夢想

《新愛洛伊絲》對主人公的事件描述大約從1732年起跨越了幾十年，其中的跡象表明，盧梭虛構了一個與自己年齡相仿的主人公——聖普樂。盧梭的自白清楚地表明，他特意賦予其故事中心人物細膩的情感和性格的弱點，這些都源於他的本性。[1] 同時，通過將聖普樂設定為一個居無定所的家庭教師，因而朱莉的父親認為他的社會地位比朱莉低、不值得朱莉愛，盧梭塑造了一個被社會排斥的浪漫主義英雄，注定一生不幸。讀者可以很容易地從主人公身上看到作者的影子。這種相似性，再加上小說中其他人物和現實生活人物之間許多其他表面上的相似之處，讓世人不禁猜疑：盧梭十八世紀的所有作品中最受歡迎的這部小說，是由他親身經歷的事件改編而成，以書信體——當時流行的情感小說的形式——用理想化的方式書寫了其自傳。對於小說中聖普樂、朱莉和沃爾馬偶爾發生的三人姘居，以及引發他們之間關係發展的事件，更為準確的理解是，這些表達了盧梭在生活中極

1　《全集》第一卷，第430頁；《懺悔錄》，第400–401頁。

難表述且無法滿足的深切渴望。有點像其同時代的狄德羅，他經常通過一種替代的方式來表達自己最強烈的情感，在表述自己想法的時候就好像在表述別人提出的主張一樣。盧梭憑借他獨具特點的生動想像力為他所在的世界，以及他只有在幻想中才可以控制的情緒，賦予了更加具體的形式。

當他開始構思他的小說時，他說這主要是因為他沉湎於愛的時間已然逝去，泰蕾茲無法激發他的慾望，而對於滿足慾望的希望在他中年逝去時已然枯萎。他讓自己的想像帶他進入「幻想之地」，一個九天世界，居住着最完美的生物，美德和美貌如神仙一般，而且忠實、完全可信賴，這是他在凡間的朋友所不具有的。正是由於他對這一「夢幻世界」的着迷，才使《新愛洛伊絲》得以面世。[2] 這部小說講述了狂熱愛情的秘密，盧梭後來希望這種愛情能成為打開索菲·德·烏德托內心的鑰匙。有關盧梭迷戀索菲的本質的謠言——由心懷嫉妒的德皮奈夫人策劃的——再加上其他一些因素的影響，很快激發了他生活中最大的危機之一，包括他與狄德羅的決裂，以及最終與大多數巴黎朋友們的疏遠。但不管怎麼樣，盧梭最終未能征服索菲，因而他通過想像，讓聖普樂和朱莉相互勾引。他在《懺悔錄》中聲稱，是索菲喚醒了他體內的「情慾」和「戀愛的狂熱」，激發他創作了小說中

2　《全集》第一卷，第427–428頁；《懺悔錄》，第398頁。

最深刻的兩封信[3]：一封是關於沃爾馬和朱莉隱居的隱秘果園，朱莉稱其為「極樂世界」，另一封是關於聖普樂在沃爾馬不在的時候與朱莉在水中及日內瓦湖岸共度一天(分別是第四章第11封信和17封信)。到1756年冬天，盧梭已經被他在6月創造的人物深深吸引住了，就像他在《懺悔錄》中所說的，他對朱莉及其表妹克萊爾極為喜歡，就像第二個茶花女。[4] 次年，在一次並不重要的短暫會面後，索菲進入了他的生活並帶來了顛覆性的影響，也激發了他將朱莉的所有吸引力附着於他新伴侶的身上。他滿心只想着索菲，因為他開始感覺到自己對一個真實的對象產生了強烈的震顫和傾瀉而出的激情。

就索菲而言，儘管她也像盧梭一樣為彼此的親密陪伴所感動，但她卻沒有表現出同樣的激情。盧梭寫道：他們的嘆息和眼淚交融在一起，因為兩人都陶醉在愛情中，盧梭是為了索菲，而索菲卻是為了她在外的愛人聖蘭伯特；盧梭曾經單獨見過聖蘭伯特，並在那個時候已經與他結下友誼。因此，他對索菲無法得到回應的愛總是伴隨着第三個人的身影，而這個人讓索菲滿腹心酸，她便將盧梭作為知己吐露自己的心事，這同時也讓盧梭在心懷深深敬意愛着她的同時，無法追求以擁有她。索菲對聖蘭伯特的全部渴望如病

3 《全集》第一卷，第438頁；《懺悔錄》，第408頁。

4 《全集》第一卷，第436頁；《懺悔錄》，第406頁。

圖22 柯羅畫的烏德托夫人畫像

毒般在盧梭心頭蔓延，他現在只能將加倍的激情傾注到朱莉身上，一個他全心塑造且可以佔有的女人。他這樣寫道：索菲對他真正的愛是一杯有毒的甘露，他大口大口地飲用着。[5] 盧梭說，他們親密相處的四個月，是他跟其他任何女人從未經歷過的。他盡職盡責地度過了這四個月，其自我否定的良方讓他自己的靈魂置於光芒四射的強迫純真的審慎之中。他在1757年10月給索菲寫了一封不同尋常的信向她告白[6]，後來《懺悔錄》中的一段文章便是以此為雛形。然而，當

5 《全集》第四卷，第440頁；《懺悔錄》，第410頁。

6 《盧梭書信全集》，第533頁。

盧梭沿着安迪利山坡走向索菲的位於奧伯尼、距離他隱居地三英里的家時，他的感官被一個預料之中的親吻畫面所激發，他的雙膝顫抖，身體蜷縮在一起，並且無法轉移注意力去想別的事情；他激動地喊叫着，來到他無法贏得的愛人的家，其想像力所激發的狂喜消退後的一絲氣力，只有在見到她時才會被他「總是無用的活力」再次喚醒。[7]

如果說盧梭在他的小說中能夠塑造一個消除了焦慮和挫折的世界，那麼在他的其他作品中，他也同樣通過清理那些他認為阻礙人類自我實現的難以對付的體系和令人費解的信仰所造成的道德觀，來尋求幸福快樂。他在《新愛洛伊絲》中所構建的幻想世界，既因戲劇性的衝突而脆弱，又因樸實的優雅而熠熠生輝，與之一致的是他在其他作品中對不透明的、壓抑的世界的解構，代之以他的小說中的理想化世界。在與《新愛洛伊絲》同時期的作品《致達朗貝爾論戲劇的信》中，盧梭表達了很多相似的主題，他將像日內瓦那樣的共和國所舉行的健康宜人的娛樂活動(在戶外、天空下舉行歡樂的慶祝活動)與像巴黎那樣的大城市居民進行的有害的娛樂活動(人們心懷不軌、無所事事、懶惰消沉，卻轉向關注舞台上所上演的虛偽消遣來企圖尋求快樂)進行了對比。他說，讓觀眾成為他們自己的娛樂主角，每個人都被賦予一個投入演出的角

7　《全集》第一卷，第445頁；《懺悔錄》，第414–415頁。

色，而不僅僅是一個被動的目擊者，去熱愛他人中的自己；這樣所有人都會更好地團結在一起。[8] 莎士比亞的《皆大歡喜》中憂鬱的賈克斯也許會為「整個世界是一個舞台」而感到遺憾，但讓–雅克卻會因此而感到高興。

在盧梭的《論不平等》中，他曾經塑造了一個野蠻人的形象，異想天開地清除了他身上的社會雜質和污濁，就像他清除了朱莉身上關於女性的世俗缺陷一樣。在《愛彌兒》一書中，他隨後通過對真實人物的抽象化，創造了一個同樣虛構的牧師，牧師對自然中一個並不神秘的上帝的昇華，被作為一種把真正的宗教信仰從世俗教堂的所有儀式的虛飾中解脫出來的精神淨化。為了回應那些認為他只住在幻想世界中從而認為世人「總處於偏見之地」的讀者們，盧梭在《愛彌兒》第二卷中補充提出，「現實世界有其局限性，而想像的世界是無限的」。[9] 他的大多數主要著作，無論是小説還是非小説，都見證了詹姆士·波斯威爾在1766年10月15日寫給亞歷山大·德萊爾一封信中的評論，即盧梭的想法是「完全有遠見的，不像是他這個地位的人應該有的」。[10]「不由自主的興奮」「吞噬一

8 《全集》第五卷，第53–54、114–115頁；《致達朗貝爾論戲劇的信》，第58、125–126頁。

9 《全集》第四卷，第305、549頁；《愛彌兒》，第81、253頁。

10 《盧梭書信全集》，第5477頁。

切的激情」「極端的狂熱」「神聖之火」「崇高的譫妄」「聖潔的熱情」，這些截取自他第四封《寫給索菲的信》[11] 中一段文字的表述，引發我們的心智脱離了塵世。他觀察到，當我們的理性緩慢爬行時，我們的精神在翺翔。沒有任何一位十八世紀的作家能像他那樣，通過強烈的感情、令人痴迷的夢想和天馬行空的想像，在啟蒙時代的黃昏，掀起一場浪漫主義運動，尤其在德國和英國。

甚至在盧梭還沒有全心傾注於他那些最負盛名的主要作品之前，盧梭的流浪者的夢想就已經吸引他向音樂方向發展，這是他生來就感興趣的題材。他在《懺悔錄》和《對話錄》中都堅持對這一主題進行探討。[12]在他對法語不適合音樂表達的反思中，以及在他對拉莫關於和聲高於旋律的主張中，他認為音樂曾經是人類的自然語言所採取的充滿熱情的形式，毫不做作、樸實自然；他沉醉在其表達之中，就彷彿朱莉可愛的樣子浮現在他心頭。盧梭用抑揚頓挫的詞句自信地歌唱，沒有管弦樂的粉飾和歌劇的宣敘調，清晰的音樂聲線在某些方面是最平民主義的幻想畫面，讓他想起人類最古老的自我表達方式和已然失傳的未被改造的原始語言。除去假裝西方音階的主音和下屬音都存在於各種音樂形式中，其最初的本質在他的哲學中

11 《全集》第四卷，第1101頁。

12 《全集》第一卷，第181、872頁；《懺悔錄》，第175頁。

可以從根本上追溯到詩意的根源；它從一種古老的藝術向現代科學的逐漸演變，可以根據他在其他方面對待人類自我馴化的方式得到重建。

但是，現代音樂和西方音樂的起源並不像不平等的起源那樣久遠，因此盧梭能夠用遠沒有那麼多推測意味的措辭來評估其發展過程。在對《百科全書》的貢獻中，他已經在音樂和音樂流派，特別是當代音樂理論領域表現出了真正的掌控力，並在他的文章中持續探討這些主題。他的文章《伴奏》《不和諧音》和《基礎低音》，在很大程度上闡述了拉莫關於和聲轉調和單個音符的泛音共振的看法，這促使狄德羅和達朗貝爾在《百科全書》第六卷提出反對，認為拉莫惡意誹謗了一個很大程度上忠實於自己原則的人。即使在《音樂辭典》中收錄的那些文章的加長版中，盧梭仍然承認拉莫1722年出版的《和聲學》對他產生了深遠的影響。但是為了趕上狄德羅最初的交稿期，他只用三個月就完成了最初的文章，並一直在尋求機會對這些文章進行補充，從而能夠詳細闡述他與拉莫觀點上的差異，並進一步闡述他之前未能思考的一些主題。

《音樂辭典》被認為是一部參考性著作，但它並沒有像盧梭離開巴黎後在艾米特從事的其他大多數項目那樣，激發他的幻想。出於這個原因，他在《懺悔錄》中寫道：他每天散步進行遐想時都把它放在一邊，除非在下雨天，他才會坐在屋裏，思考關於《音

圖23　《音樂辭典》中的「中國曲調」(巴黎，1767年)

樂辭典》的內容。[13] 然而，它仍然是他詳細探討歷史、技術和理論主題的主要作品之一，不僅讓基礎的讀者更容易理解拉莫的複雜學說，就像達朗貝爾之前的嘗試一樣；而且還在他的關於「樂符」的文章中針對古代、中世紀和現代的樂譜實踐提供了完全修正過的、更為翔實的評論；在關於「歌劇」的文章中針對抒情劇歷史做了新的嘗試(在《百科全書》中標題被改為「抒情詩」，被歸在格林那部分)；在關於「系統」的文章裏針對塔蒂尼音樂理論進行了分析。查爾斯·柏尼曾將盧梭的歌劇《鄉村卜者》翻譯成英文作品《狡猾的人》，他在自己的作品《音樂通史》中為盧梭辯護，反對《論法國音樂的通信》和《音樂辭典》的批評者。而盧梭本人針對格魯克的歌劇《阿爾切斯特》(1767年)曾給出了明確的混合評價；據報道，他曾建議格魯克異常出色的《伊菲吉妮婭在奧利斯》

13　《全集》第四卷，第410頁；《懺悔錄》，第382頁。

圖24　馬耶爾作品《採集植物的盧梭》

(1774年)用法語唱詞，這也許最終掩蓋了他的論點：用法語歌詞創作音樂是不可能的。

然而，即使是在《音樂辭典》中，他也對那些在1740年代末和1750年代初首先激發其想像力的思想進行了重申和補充。在關於「素歌」的新文章中，盧梭評論稱，當基督徒開始建立教堂唱讚美詩時，古代生機勃勃的音樂便失去了所有的活力。他受《聖經》和其他古典資料，尤其是畢達哥拉斯學派的影響，在關於「音樂」的文章中補充道：我們知道天地間一切法律及對美德的倡導曾經被唱詩班用詩歌吟唱過，沒有比這個更有效地教授人們愛與美德的方法了。這篇文章回顧了柏拉圖的《法律篇》，並重復了他在《百科全書》中發出的評論。他在關於「模仿」和「歌劇」的文章中聲稱，一切可以引發想像的東西都源於詩歌，而詩歌也是音樂的起源。在這兩篇文章中，他都對繪畫的情感表現力表現出缺乏欣賞和辨識力，與他對音樂的敏感度形成鮮明的對比，這也許是他與狄德羅在審美判斷上最大的差異。盧梭指出，繪畫只激發我們的視覺感受力，音樂喚醒耳朵的覺察，描繪出甚至無法用眼睛看到的對象，例如夜晚、睡眠、孤獨和寂靜。噪聲有時會產生完美的寧靜，而無聲卻會產生噪聲的效果，就像人們會在單調的演講中入睡，卻能清楚地感知到演講停止的那一刻並醒過來。盧梭一生中持續保持着對音樂的興趣，原因尤其在於，盧梭在大約1750年的時候決定開始將音樂記錄成樂譜，從而獲得一些固定收入；直到他生命結束前，這都一直是支撐他作為一個作家的為數不多的謀生手段，可以使他下定決心拒絕所有恩惠或養老金，從而避免可以奪取其自由的債務。在極端心煩意亂的狀態下，他最終在1767年春天逃離了英國。不過，他被休謨説服，接受了比他更為瘋狂的國王喬治三世的禮物，並在適當的時候違背其原則，白白接受了五十英鎊。其在《音樂辭典》中轉錄的改編自讓·巴普蒂斯特·杜赫德於1735年所寫的《中華帝國志》的「中國曲調」，也出現在韋伯的《圖蘭朵序曲》和亨德米特的《主題交響變形曲》中。

在接下來的三年裏，盧梭再次在法國成了流浪者，一個命運的人質。他以「雷諾」先生的名義，在管家的陪同下，匿名旅行，據説管家是他的妹妹。啟蒙運動時期最直率的真理愛好者，長期以來一直致力於揭露虛偽，現在自己卻喬裝打扮，從諾曼底邊界的特萊，到多菲內的布爾岡和蒙昆，再到里昂，最後到巴黎，沿途參觀華倫夫人位於尚貝里的墳墓，隨後不久就與泰蕾茲結婚。他當時的主要資助人孔蒂親王——一個實際上偽裝成保護者的監視者，讓他的旅途更為隱蔽。而盧梭卻被他試圖逃避的當局忽視，因為他們認為他是一個荒謬的人物，而並非危險人物。正是在這一時期，他把心思轉到植物學上，這是他晚年最大的愛好。從蒙特默倫西出發後，他在牟特耶結識了著名的植物學家讓·安托萬·德伊維諾瓦，並在那裏與匈牙利的男爵伊格納茲·德·薩特斯海姆一起在周圍的鄉村進行了長時間的遠足來研究植物。伊格納茲·德·薩特斯海姆是他那個時代的皮埃爾·洛蒂，他的一生比盧梭在《新愛洛伊絲》中幻想的還要虛幻。盧梭在斯塔福德郡收集了蕨類植物和苔蘚。但在1760年代末，在特里、里昂、格勒諾布爾、布爾金和蒙昆等腹地，盧梭要麼獨自一人，要麼和各種各樣的同伴一起，把大部分時間投入對植物的研究中，偶爾還會讓人懷疑他是個巫師。

1770年夏天，他一回到巴黎，就恢復了每天早晨抄錄音樂的工作，下午他會出城進行長途散步並採集植物。在1771–1773年間的不同時期，他起草了八封關於植物主題的長信給馬德萊娜·德萊賽爾夫人。早前他在里昂見過她並對其產生好感，而馬德萊娜·德萊賽爾夫人希望激發她四歲女兒天生的好奇心，鼓勵她對植物感興趣。在接下來的四年中，盧梭又給其他許多不同的通信者寫了十六封關於相似主題的信件。這些信件和先前的八封信件(在1782年與盧梭的全部著作一起出版)引起了劍橋大學植物學教授托馬斯·馬丁的興趣，他擔任教席達六十三年時間，至少在那段時間內，他對這些信件進行了翻譯並使用在自己的課程中。畫家皮埃爾–約瑟夫·雷杜德也使用了這些信件，並為盧梭在十九世紀初出版的植物學著作豪華版作了配圖。大約在那個時候，盧梭還想編纂一本植物學術語辭典，但最終未完成。他還在繼續之前就已經開始的植物標本收集，儘管其中最大的一部分，共十一冊，在第二次世界大戰中與柏林的植物博物館一起被銷毀，但其中的一些得以保留下來。

盧梭對植物學的興趣，對一個在行走時才能最為活躍的人而言似乎是一個明智的職業選擇，正如他在

《懺悔錄》中[14] 所說的那樣，他的大腦在他雙腿行進的時候才能運作。大自然的這個上了年紀的孩子，終於可以在這裏與創造的偉大景象進行直接交流。在這之前，他一直懷着敬畏的心情，就像一個更年輕的愛彌兒，心滿意足地站在那裏，他的力量和意志處於平衡狀態。這個擁有明快的色彩和芳香的主題，可以填滿他的想像。那是一種植物愛情的田園牧歌式的樂園，一個世紀以前，詩人安德魯·馬維爾也曾為其着迷。在《一個孤獨漫步者的遐想》漫步之二中，盧梭回想起在巴黎附近的梅尼蒙當和夏羅內之間的草地上，數着那些開花的植物時所感到的甜蜜愉悅，這些地方現在一部分已經成為拉雪茲神父公墓。[15] 漫步之七主要描述了「大地衣着」的樹木和植被，他品味着山間峽谷的記憶，在那裏發現了海甘藍和仙客來，並在地球上如此隱蔽的一個角落聽到了大角貓頭鷹和雄鷹的叫聲，以至於當他坐在猶如枕頭般的石松植物上時，他夢想着自己偶然發現了宇宙中最原始、最遙遠的避難所。就像是第二個孤獨的哥倫布，他來到了一個就連迫害他的那些人也無法找到的隱蔽所。[16] 現在，回憶起1764年左右在牟特耶附近的植物考察，這

14 《全集》第一卷，第410頁；《懺悔錄》，第382頁。

15 《全集》第一卷，第1003–1004頁；《一個孤獨漫步者的遐想》，第36–38頁。

16 《全集》第一卷，第1062、1070–1071頁；《一個孤獨漫步者的遐想》，第108、117–118頁。

裏是盧梭自己的極樂世界，最初是在1757年春由索菲．德．烏德托進入他的生活所鼓舞，後來在《新愛洛伊絲》中以極為相似的文字被描述為朱莉的秘密果園，「最荒涼的、最孤獨的自然角落」。[17]

他對索菲的愛從一顆迷人的黑暗之心轉向另一顆，通過模仿自己的藝術來倒推自己的生活。從對肉慾的喚起，到小說，到變換畫面的記憶，盧梭在這方面及其他許多方面都是十八世紀的普魯斯特，使得他的植物學和遐想在一個聲音中產生共鳴。

盧梭並非一直喜歡研究植物。他提到，如果他屈從於內心的誘惑，追隨克洛德．阿奈–華倫夫人在尚貝里雇用的年輕草藥醫生，和他一起分享她的愛，他自己就可能成為一個偉大的植物學家。但是，當時他對植物學的魅力一無所知。他在《懺悔錄》《一個孤獨漫步者的遐想》，甚至在植物學術語辭典的序言中提到，他受到大眾偏見的影響，以為這是一門像化學或解剖學一樣的與醫學或藥理學有關的科學，只適合藥劑師研究。[18] 他後來才知道，事實並非如此。他還能在其他什麼科學領域裏消磨時光呢？他怎麼可能追逐動物，只是為了用武力制服它們，如果他能抓住它們，然後為了瞭解它們如何奔跑而解剖它們？如果太

17　《全集》第二卷，第471頁；《新愛洛伊絲》，第387頁。

18　《全集》第一卷，第180–181、1063–1064頁；《全集》第四卷，第1201頁；《懺悔錄》，第175頁；《一個孤獨漫步者的遐想》，第109–110頁。

圖25　勒魯於十九世紀雕刻的華倫夫人像

虛弱的話，他無疑會選擇製作蝴蝶標本；如果太慢，他可以選擇研究蝸牛和蠕蟲；然而，那些臭氣熏天的屍體、可怕的骷髏和令人厭惡的氣味都不適合他。他也不希望借助儀器和機器來研究星星。但是明亮的花朵、涼爽的樹蔭、小溪、樹林、草地和綠色的林間空地淨化了他的想像——他在《一個孤獨漫步者的遐想》漫步之七中寫道。植物本來就應該自然放置在人類能夠觸及的範圍之內，它們在人的腳下拔地而起，而人的思想早已扎根於此。[19]

盧梭在他的植物學辭典中承認，對植物細緻而嚴謹的研究當然不能與激發它的愉悦感相混淆。[20] 按照他的理解，植物學本質上是一門分類學。他在《一個孤獨漫步者的遐想》中評論道，植物學雖然不一定要解剖它所研究的對象，但要設法對它們進行分類，並確立它們內部組織的用途。因而他在辭典和植物學通信中都特別關注水果和鮮花的組成部分——花蕊、花萼和植物的圓錐花序。他從幾位專家那裏學習了這些部位的功用，尤其是十八世紀傑出植物學家林奈的《自然系統》《植物學哲學》《植物界》，盧梭曾經與他有書信往來；還有林奈的主編之一約翰·安德斯·穆雷的一篇文章。盧梭有時候會把一種植物或器官的描述與其他植物或器官混淆，有時他也會誤解他所借用的原理。也許是因為，與動物研究相比，他更喜歡研究植物。

此外，他從未想過植物也可以針對其自然或人工種植的歷史進行研究，正如布豐在關於物種退化的評論中所追尋的那樣。這讓他頗為欽佩，並在《論不平等》中對人類的發展進行了論述。在植物學研究中，

19　《全集》第一卷，第1068–1069頁；《一個孤獨漫步者的遐想》，第114–115頁。

20　《全集》第四卷，第1220–1221頁。

如果不是為了研究人類本性，盧梭的典範應該是林奈，而不是布豐。然而，他的靈感屬於這樣一個人，當他獨自在戶外徒步跋涉贊嘆大自然神奇之時，他的思想和情感是最為活躍的。他在《植物學》[21]一書中寫道：對於無所事事、孤獨寂寞的人來說，這是最為理想的研究課題。

由於與社會的疏遠，獨處給盧梭帶來了自由遐想的自由，從而讓他樂此不疲，但植物並非他獨處時所專注的唯一領域。在他生命的最後幾年裏，還有另外一個主題對他的吸引力更大，因為這是不可逃避的，而且為其反思和研究的一切提供了一個批判性視角，這就是他自己。盧梭聲稱，在1760年左右，他首次考慮撰寫自傳。到1765年，他停止了幾乎十年前在艾米特開始創作的所有主要作品，無論是在印刷、準備出版，還是已經停止創作的；他轉而潛心創作《懺悔錄》並匯集了他過往的大量信件，包括信件的副本或他保留下來的信件草稿。他之前的一些朋友瞭解他的態度、他的口才及他的偏見，知道自己一定會被他中傷，因而先發制人開始對其進行傷害。德皮奈夫人或許是其中的第一個，此後也沒有人像她那樣，在給盧梭提供最初的保護之後，她的關愛換回的卻是盧梭對她不公平的指責，說她表裏不一、背信棄義。她最初抨擊盧梭對索菲的迷戀所採取的不明智行為，並沒有

21 《全集》第一卷，第1069頁；《一個孤獨漫步者的遐想》，第115頁。

讓她免受盧梭對其進行惡毒的指控，但是她對盧梭的失禮和侮辱進行了有力回擊。在狄德羅的陪同下，她要求並得到官方同意，禁止盧梭在回到巴黎後向公眾朗讀《懺悔錄》的手稿。她去世前在文章裏寫道，在格林和狄德羅的協助下，她重新結集甚至重寫了她跟盧梭分開期間的信件，以使盧梭在她們的整段關係中顯得背信棄義。她的偽回憶錄在1818年出版，名為《夢特朗夫人的故事》，對此有所講述。盧梭的敵人採取了各種各樣的策略來詆毀他，一方面是為了竭力保護自己免受其惡意誹謗中傷，另一方面也是出於對他真正的、越來越強烈的蔑視，因為他們震驚地發現盧梭的虛榮毫無底線。這不僅讓盧梭確認了最初對他們品性的懷疑，還確認了他們對自己陰謀誹謗的懷疑。在西方文明史上，沒有哪個重要人物像盧梭那樣將輕率和邪惡意圖如此混淆，導致了不斷惡化的可怕後果。

在主要起草於1772–1774年間的《盧梭：讓–雅克的法官》中，其副標題《對話錄》更為人熟知，盧梭完全放任了自己真正可怕的偏執。他是一隻熊，必須被鎖鏈銬牢，以免把農民吃掉。盧梭說，他自己有一個對話者叫「法國人」。[22] 既然他惡毒的文字如此讓人害怕，那些對這個可怕的厭世者如此憂慮的先生

22 《全集》第一卷，第716頁。

們，又怎麼會如此孜孜不倦地密謀不斷糾纏他呢？[23] 在試圖從外部對自我進行探討時，盧梭構造了一個陌生人的形象。他既無法恢復其自發的感情，也無法建立他曾經真實的動機，因為作為作者將自身排除在外，也就無法瞭解其個性，而他現在又不可避免地被自己作品主題的差異性所區分。《對話錄》計劃於1780年在塞繆爾．約翰遜的出生地利奇菲爾德出版。與盧梭的其他作品相比，《對話錄》的構想更為瘋狂地凸顯理性不同尋常的一面，盧梭試圖通過毫無阻礙的方式將文字傳遞給人類，試圖通過將原稿放置在巴黎聖母院的聖壇上，來將其交給上帝，卻發現唱詩班的鐵絲架已經被鎖，他對世界的呼籲因而胎死腹中，甚至上帝自己也來反對他。近年來，《對話錄》尤其引起了米歇爾．福柯的注意，福柯在後續出版的現代版中為其作序。但是時至今日，很少有人閱讀這本書，而且更少有人能不帶痛苦地閱讀它。

盧梭的最後一部重要著作《一個孤獨漫步者的遐想》開始創作於1776年，直到他去世仍未完成。這部作品卻有着完全不同的性質。它的開篇是他所寫過的最淒美的一段話，捕捉了清除所有焦慮後的生活中的苦難，看上去像是全書的結尾：回想起以前的一切，「我就這樣在世上落得孑然一身，除了我自己，再沒有兄弟、鄰里、朋友，再沒有任何人際往來。最合

23　《全集》第一卷，第725頁。

圖26　拉姆齊畫的盧梭畫像

群、最富愛心的人啊，竟然被眾口一詞地排斥在人類之外」。[24] 在一系列十次漫步中，最後回歸他摯愛的媽媽以及年輕時與他的母親共同享受的田園般的平靜。盧梭一一列舉了他在其他作品中涉及的關於他與社會疏遠的主題，描繪了一個老人遊蕩的思想，現在他所有的能力恢復了，永遠螺旋式向後行進。這些漫步中的第七次、第九次，尤其是第五次構成了作品的精神中心：第七次漫步展現了他那植物極樂世界的荒野，第九次漫步表達了他對幸福反復無常的哀痛，第五次漫步回憶了他在隱世島嶼上的水般幸福——實際

24　《全集》第一卷，第995頁；《一個孤獨漫步者的遐想》，第27頁。

上包含了盧梭遐想的田園、英雄及唱詩班的交響曲。在第九次漫步中，他試圖找藉口遺棄自己的孩子們，並描述了他性格中的少年衝動，以及他一看到幸福面孔就無法抗拒的喜悅。但在整個漫步中，他對自己的命運採取了一種悲觀的聽天由命的態度，堅持認為我們所有的幸福計劃都是幻想，沒有什麼方式能令人永遠保持滿足。

在第五次漫步中，他以更強烈的信念提出了類似的感想。他說：「這個地球上的一切都在不斷變化」，我們的感情被附着到我們外部的事物上，不可避免地跟隨着這些事物改變或消失，我們世俗的快樂不過是轉瞬即逝的產物。[25] 然而，在同一次漫步中，他回憶起1765年9月從莫蒂耶出發，當時他在比安湖中間的聖皮埃爾島上找到了避難所。那裏讓他腦海裏浮現出一個庇護天堂的畫面，那麼美麗，他可以描寫草地上的每片草葉和覆蓋岩石的每一塊青苔。他在那裏度過下午的時間，探索各種柳屬植物、春蓼屬植物以及各種各樣的灌木叢，或者伸展着躺在船上，隨意漂流到水流帶他去的任何地方，「沉浸在一千個朦朧卻又令人愉悅的遐想中」——一個有着如此美妙幸福的勝地，他願意一輩子住在那裏，「一刻也不想去別的地方」。[26] 正如他的第七次漫步將朱莉的極樂世界轉

25 《全集》第一卷，第1046頁；《一個孤獨漫步者的遐想》，第88頁。

26 《全集》第一卷，第1042–1044頁；《一個孤獨漫步者的遐想》，第83–85頁。

圖27　盧梭作品布貝爾版本中的《愛彌兒》插圖，由穆羅・勒熱納繪製的《自然向我們展示萬物的宏偉》

移到他認為曾經是他自己的過去一樣，他的第五次漫步也如此將虛構的日內瓦湖畔一日遊——聖普樂也以同樣驚人相似的細節將其描述為「他一生中經歷過的最生動情感的一天」[27]——轉移到一個天堂般的島嶼，大自然將其與當代文明製造的混亂完全隔離。通過遐想來逃避生活中的世俗危機，盧梭能夠化解回憶與創作之間的一切差異。想像力承載着他，並帶他進入一個純粹的極樂的天國，正如他在給馬勒塞爾伯的第二封信中所描述的那樣，他可以居住在另一種完全寧靜，尤為適合他的世界。

在盧梭的主要著作及其所涉及的各個學科中，他試圖通過消除阻礙理想實現的所有體系來使這些理想得以實質化。通過觸動人心的否定過程，他能點亮以下領域：平淡無奇的言語、未經修飾的音樂、去除社會的人性、沒有老師的教育、沒有劇院的城市、沒有統治者的國家、沒有教堂的神聖存在。通過這樣的回歸，盧梭不僅在人類自由不受束縛的情況下對人類的自我實現提出了不同的觀點，也更戲劇性地從他自己的啟蒙時代中解脱出來，似乎不像他那個時代的其他主要思想家那樣，受到那個時代話語的預設和慣例的限制。在一些記載中，在盧梭死後的二百多年後，他那毫不妥協的批判的聲音仍然鏗鏘有力。現代及後現代的哲學家和作家，都從他的作品中獲益良多，他們

27　《全集》第二卷，第521頁；《新愛洛伊絲》，第428頁。

有時對此不願承認，而更多時候，他們仍然支持盧梭在早期形成時就已經自我否定的那些觀點。例如，在盧梭對純粹真誠語言的追求中，在其理想化的專注於言語行為，充分參與公共選擇表達的真正溝通行動者中，可以發現于爾根・哈貝馬斯的政治哲學的預見。在盧梭對現代商業社會令人窒息、殘缺不全、沒有人性的專制的看法中——他將其描繪成一個關着普洛克路斯忒斯式怪物的圓形監獄，這個怪物是由偽裝成邊沁的還未出生的弗蘭肯斯坦博士組裝起來的——他還指出了通向福柯的某些路徑。然而，與大多數後現代主義思想家及其批評家不同，盧梭即使在個人和政治世界不斷動蕩的情況下，仍然想要尋求庇護並獲得安寧。從內省和美德來看，這位十八世紀最令人敬畏的針對文明裝飾品的批判家，以及將其絕望和不滿的紋理描繪得最為生動的插畫家，在其一生中都相信，就像安妮・弗蘭克在現代歷史最黑暗的時刻一樣相信，人性仍然本善。

譯名對照

Abelard, Peter 彼得 · 阿伯拉爾
Academy of Corsica 科西嘉學院
Academy of Dijon 第戎學院
Academy of Rouen 魯昂學院
'Accompaniment' 「伴奏」
'Air chinois' 「中國曲調」
Ajaccio 阿雅克修
Alembert, Jean le Rond d' 讓 · 勒朗 · 達朗貝爾
　'Genève' 「日內瓦」
　'Preliminary Discourse' 「緒論」
Amour de soi 自愛
Amour-propre 自尊
Ancient régime 舊制度
Andilly 安迪利
Anet, Claude 克洛德 · 阿奈
Annecy 阿訥西
Apes and orang-utans 猿和猩猩
Argenson, René Louis, Marquis d' 德 · 阿爾讓松侯爵
Aristotle 亞里士多德74
　Politics 《政治學》
Arts and sciences 藝術與科學
Augustine, St 聖奧古斯丁
　Confessions《懺悔錄》

Bakunin, Michael 邁克爾 · 巴枯寧
Barbeyrac, Jean 讓 · 巴貝拉克
Beaumont, Christophe de, Archbishop of Paris 巴黎大主教博蒙特
Bentham, Jeremy 傑里米 · 邊沁
Berlin 柏林
Berne 伯爾尼
Bodin, Jean 讓 · 博丹
Bonnet, Charles 查爾斯 · 博內
Borde, Charles 查爾斯 · 博爾德
　Discourse on Advantages of Arts and Sciences 《論藝術與科學的優勢》
Bossuet, Jacques Bénigne雅克–貝尼涅 · 波舒哀
　Discourse on Universal History 《世界史通論》
Boswell, James 詹姆士 · 波斯威爾
Botany 植物學
Bourgoin 布爾岡
Buffon, comte de 布豐
　Natural History《自然史》
Burke, Edmund: *Letter to a Member of National Assembly*埃德蒙 · 伯克：《致國民議會成員的信》
Burney, Charles 查爾斯 · 伯尼
　General History of Music《音樂通史》
Buttafoco, Mathieu 馬蒂厄 · 修布塔福科

Cajot, Dom Joseph: *Plagiarisms of Rousseau*多姆 · 約瑟夫 · 卡若：《盧梭的剽竊》
Calvin, Jean, and Calvinism約翰 · 加爾文和加爾文主義

Socrates 蘇格拉底
Sophie 索菲
Sophists and sophistry 智者學派和詭辯
Sovereignty 主權
Sparta 斯巴達
Spinozists 斯賓諾莎主義者
Stanislaw I, King of Poland 波蘭國王斯坦尼斯瓦夫一世
State of nature 自然狀態
'State of War' 「戰爭狀態」
'System'《系統》

Tacitus, Cornelius 克奈里烏斯・塔西佗
Tartars 韃靼人
Tartini, Giuseppe 居塞比・塔蒂尼
Theatre 劇院
Toleration and intolerance 寬容和不寬容
Tronchin, Jean-Robert: *Letters from the Mountain* 讓・羅伯特・特隆金：《山中來信》
Trye 特里
Turgot, Anne Robert Jacques 杜爾哥
Turin 都靈
Turks 土耳其人
Tyson, Edward 愛德華・泰森

Utopianism 烏托邦

Vice and sin 墮落和罪惡
Virtue and goodness 美德和善良
Voltaire 伏爾泰
 Candide《老實人》
 Philosophical Letters《哲學通信》
 'Poem on disaster of Lisbon' 關於里斯本地震的詩
 'Poem on Natural Law' 關於自然法的詩

Warens, Madame de 華倫夫人
Wartensleben, Countess of 瓦滕斯萊本伯爵夫
Weber, Carl Maria von: *Turandot* 卡爾・瑪麗亞・馮・韋伯：《圖蘭朵》
Wielhorski, Count Michel 米歇爾・威爾豪斯基伯爵
Wilkes, John 約翰・威爾克斯
Wollstonecraft, Mary 瑪麗・沃斯通克拉夫特
Vindication of Rights of Woman《為女權辯護》
Wolmar 沃爾馬
Wootton 伍頓

Yverdon 伊弗頓

Zoology 動物學
Zulietta 祖利埃塔

推薦閱讀書目

SVEC: Studies on Voltaire and the eighteenth century

General collections, commentaries, and biographies

Indispensable to Rousseau scholarship today are two major publishing ventures of the past forty years, the Pléiade edition of his *OEuvres complètes*, compiled by B. Gagnebin, M. Raymond, and others (Paris, 1959–95), and the Voltaire Foundation edition of his *Correspondance complète*, by R. A. Leigh (Geneva and Oxford, 1965–98). Each is drawn from the original manuscripts and is richly documented with editorial notes, illustrating Rousseau's sources and parallel passages across his writings. The long-awaited fifth volume of the Pléiade *OEuvres complètes* embraces most of his works on music and language, including the *Dictionnaire de musique* and other texts never before published with a scholarly introduction or footnotes, although its fine edition of the *Essai sur l'origine des langues* by Jean Starobinski has been available for some time separately (Paris, 1990) and the same text was even earlier accorded extensive annotation by Charles Porset (2nd edn, Bordeaux, 1970). Of Rousseau's principal works incorporated in the Pléiade edition, perhaps only the *Discours sur les sciences et les arts* is presented with more compelling command of its sources elsewhere, by George Havens (New York, 1946). Equally noteworthy is the edition, including a German translation, of the *Discours sur l'inégalité* by Heinrich Meier (Paderborn, 1984). The extensively annotated translation of Rousseau's *Collected Writings* (Hanover, NH, 1990–) currently in progress under the general supervision of Roger Masters and Christopher Kelly, when finished, should provide the best, and in several instances the first, editions of his works for English readers. Of the major writings, including the *Discours sur l'inégalité*, the *Contrat social*, the *Confessions*, and the *Rêveries*, there are numerous, often fine, translations into English, including those contained in the series of Texts in the *History of Political Thought* (Cambridge University Press) and the World's Classics series (Oxford University Press). Leigh's edition of the *Correspondance complète*, in fifty-two volumes, is one of the most remarkable works of modern scholarship in any field – its annotation majestic, its powers of resuscitating Rousseau's world, and even the spontaneity and refinement of the composition of his ideas, unsurpassed.

This correspondence, and Rousseau's own *Confessions*, have helped make it possible for Raymond Trousson and Maurice Cranston to produce perhaps the finest biographies of Rousseau in any language (Paris, 1988 and 1989; and London, 1983, 1991, and 1997), although Cranston did not survive to complete his third volume. Jean Guéhenno's *Jean-Jacques Rousseau* (Eng. trans., 2 vols, London, 1966) and Lester Crocker's *Jean-Jacques Rousseau* (2 vols, New York, 1968 and 1973) form substantial and notable biographies as well. Ronald Grimsley's *Jean-Jacques Rousseau: A Study of Self-Awareness* (2nd edn, Cardiff, 1969) offers a particularly sensitive treatment of the development of Rousseau's personality through his writings, while Kelly's *Rousseau's Exemplary Life: The 'Confessions' as Political Philosophy* (Ithaca, NY, 1987) shrewdly interprets the autobiography in the light of Rousseau's principles.

Among English-language commentaries on his thought in different genres, Ernst Cassirer's *The Question of Jean-Jacques Rousseau* (2nd edn, New Haven, Conn., 1989), Judith Shklar's *Men and Citizens: A Study of Rousseau's Social Theory* (2nd edn, Cambridge, 1985), and C. W. Hendel's more comprehensive *Jean-Jacques Rousseau: Moralist* (2nd edn, Indianapolis, 1962) excel, Hendel's work in particular being among the most subtly detailed accounts of Rousseau's philosophy in any language. Of comparable quality, showing equal mastery of Rousseau's writings across several disciplines, is Timothy O'Hagan's *Rousseau* (London and New York, 1999). In French, the most remarkable treatments of his thought are probably Bronisław Baczko's *Rousseau: Solitude et communauté*, originally published in Polish (Paris 1974), Pierre Burgelin's *La Philosophie de l'existence de J.-J. Rousseau* (2nd edn, Paris, 1973), and Starobinski's classic study, dating from 1957, now available in English, *Jean-Jacques Rousseau: Transparency and Obstruction* (Chicago, 1988), which is dazzling in its images of Rousseau's inner experience and metaphors of opaque reflection.

John Hope Mason, in *The Indispensable Rousseau* (London, 1979), offers English readers a skilful single-volume commentary, interwoven with selections from almost all of Rousseau's major writings, while N. J. H. Dent, in *A Rousseau Dictionary* (Oxford, 1992), provides a well-conceived thematic treatment of Rousseau's works, with useful pointers in each case to the pertinent secondary literature. The massively authoritative *Dictionnaire de Jean-Jacques Rousseau* (Paris, 1996), published under the direction of Trousson and Frédéric Eigeldinger, is comprised of 700 entries by almost one hundred authors, addressed to writings, subjects, places, and persons. The Société Jean-Jacques Rousseau, based in Geneva, has since 1905 produced a journal of remarkable erudition, the *Annales*, and for those who find that they can never have enough of Rousseau, there is a computer-generated *Collection des index et concordances* of his writings still in progress (Geneva and Paris, 1977–), under the general supervision of Michel Launay and dedicated colleagues at the University of Nice and elsewhere. Scholars who consult the two volumes thus far published of the *Bibliography of the writings of Rousseau to 1800* by Jo-Ann McEachern (Oxford, 1989 and 1993) will be richly rewarded.

Studies of Rousseau's political and social thought

Still the most authoritative interpretation of Rousseau's political works in their historical context is Robert Derathé's *Rousseau et la science politique de son temps* (2nd edn, Paris, 1970), which offers a richly detailed account of the jurisprudential background to his philosophy. Masters, in *The Political Philosophy of Rousseau* (Princeton, NJ, 1968), provides one of the best-documented and most closely argued readings of Rousseau's political and educational writings, in so far as they form parts of a systematic doctrine which unfolds from the first *Discours*, while in *Jean-Jacques Rousseau: Écrivain politique (1712–1762)* (Cannes and Grenoble, 1971), Launay, writing from an essentially Marxian perspective, also shows a profound command of major and minor texts alike. Grace Roosevelt's *Reading Rousseau in the Nuclear Age* (Philadelphia, 1990) offers a fresh assessment of Rousseau's reflections on war and international relations within the wider context of his political and educational writings.

Among significant treatments of the *Discours sur les sciences et les arts*, either independently or in connection with Rousseau's other writings which spring most immediately from it, are Mario Einaudi's *The Early Rousseau* (Ithaca,

NY, 1967); Victor Gourevitch's 'Rousseau on the Arts and Sciences', *Journal of Philosophy*, 69 (1972); Havens's 'The Road to Rousseau's *Discours sur l'inégalité*', *Diderot Studies*, 3 (1961); and Hope Mason's 'Reading Rousseau's First Discourse', *SVEC* 249 (1987). The *Discours sur l'inégalité*, central as it is to Rousseau's political theory, has in recent years received perhaps even closer scholarly attention for its philosophy of history, for instance in Asher Horowitz's *Rousseau: Nature and History* (Toronto, 1986), and above all for its philosophical or historical anthropology, most notably in Michèle Duchet's *Anthropologie et histoire au siècle des lumières* (Paris, 1971); Victor Goldschmidt's *Anthropologie et politique: Les principes du système de Rousseau* (Paris, 1974); and Arthur M. Melzer's *The Natural Goodness of Man: On the System of Rousseau's Thought* (Chicago, 1990). I have attempted to deal with the several contexts of Rousseau's argument at some length in my *Rousseau's 'Discours sur l'inégalité' and its Sources*, now destined for publication by the Centre international d'étude du dix-huitième siècle in Ferney-Voltaire. Differing perspectives on his account of mankind's savage nature, and on his claims about apes and orang-utans, can be found in Arthur O. Lovejoy, 'Rousseau's Supposed Primitivism', in Lovejoy, *Essays on the History of Ideas* (Baltimore, 1948); Gourevitch, 'Rousseau's Pure State of Nature', *Interpretation*, 16 (1988); Francis Moran III, 'Natural Man in *the Second Discourse*', *Journal of the History of Ideas*, 54 (1993); and my 'Perfectible Apes in Decadent Cultures: Rousseau's Anthropology Revisited', *Daedalus*, 107 (1978). Jacques Derrida's *De la grammatologie* (Paris, 1967) embraces one of the subtlest treatments available of the *Essai sur l'origine des langues*.

Notable discussions of the argument of the Contrat social range from Andrew Levine's sympathetic Kantian perspective in *The Politics of Autonomy* (Amherst, Mass., 1976), passing through John W. Chapman's balanced *Rousseau – Totalitarian or Liberal?* (New York, 1956), Zev Trachtenberg's discriminating *Making Citizens: Rousseau's Political Theory of Culture* (New York, 1993), and John Plamenatz's judicious *Man and Society*, vol. ii (2nd edn, London, 1992). Patrick Riley's *Will and Political Legitimacy: A Critical Exposition of Social Contract Theory in Hobbes, Locke, Rousseau, Kant and Hegel* (Cambridge, Mass., 1982) offers an especially salient treatment of Rousseau's conception of the general will as part of a tradition of political voluntarism, while Richard Fralin's *Rousseau and Representation* (New York, 1978) attempts to bring the heady political principles of Rousseau down to earth in their application to actual states. By contrast, Baczko's *Lumières de l'utopie* (Paris, 1978) raises them skywards again in its commentary on *The Government of Poland;* as does James Miller's *Rousseau: Dreamer of Democracy* (New Haven, Conn., 1984), which identifies Rousseau's alpine visions of Genevan democracy with his naturalistic reverie; and Paule-Monique Vernes's *La Ville, la fête, la démocratie: Rousseau et les illusions de la communauté* (Paris, 1978), which locates images of fraternal assembly throughout his political writings in general, including the *Lettre à d'Alembert sur les spectacles*. Among the more striking commentaries on the political significance of theatre in that work is Patrick Coleman's *Rousseau's Political Imagination: Rule and Representation in the 'Lettre à d'Alembert'* (Geneva, 1984).

On Rousseau's influence upon the course of the French Revolution, the documents and notes of volumes 46 to 49 of the Leigh edition of the *Correspondance complète* (which ends not with the death of Rousseau but with that of Thérèse Levasseur in 1801) provide at least as much illumination as any of the separate works, among which the fullest treatment can be found in Roger Barny's *L'Éclatement révolutionnaire du rousseauisme* (Paris, 1988), with more broadly sketched perspectives in Carol Blum's *Rousseau and the Republic of Virtue: The Language of Politics in the French Revolution* (Ithaca, NY, 1986) and Joan McDonald's *Rousseau and the French Revolution: 1762–1791* (London, 1965).

Assessments of his other writings, intellectual relationships, and sources

On Rousseau's philosophy of education in *Emile*, Dent's treatment of *amour-propre* in that work in *Rousseau: An Introduction to his Psychological, Social and Political Theory* (Oxford, 1988) is compelling, while Peter D. Jimack's *La Genèse et la rédaction de l'Emile* in *SVEC* 13 (1960) is specially informative on the stages of *Emile*'s composition. Pierre-Maurice Masson, the greatest Rousseau scholar of his day, remains a towering presence in his treatment of Rousseau's Christian and natural theology in *La Religion de Rousseau* (3 vols, Paris, 1916), although Ronald Grimsley's more modest *Rousseau and the Religious Quest* (Oxford, 1968) is also helpful. On Rousseau's ideas of sexuality, Allan Bloom's *Love and Friendship* (New York, 1993) addresses the miraculous metamorphosis of sex into love by way of the imagination, while Joel Schwartz's *The Sexual Politics of Rousseau* (Chicago, 1984) identifies two distinct lines of argument about sexual difference in his writings, a subject further pursued from a critical theorist's perspective by Judith Still in *Justice and Difference in the Works of Rousseau* (Cambridge, 1993). Henri Guillemin, in *Un homme, deux ombres (Jean-Jacques – Julie – Sophie)* (Geneva, 1943), offers a lyrical account of Rousseau's passion for Sophie d'Houdetot.

Jean-Louis Lecercle provides a particularly sensitive reading of *La Nouvelle Heloise* in *Rousseau et l'art du roman* (Paris, 1969), and the novel is also subjected to close analysis by Lionel Gossman, in 'The Worlds of *La Nouvelle Héloïse*', *SVEC* 41 (1966), and by James F. Jones, in *La Nouvelle Héloïse: Rousseau and Utopia* (Geneva, 1977). Jones, in turn, offers a commentary on Rousseau's most distressed work, described as particularly inspired by his stay in England, in *Rousseau's 'Dialogues': An Interpretive Essay* (Geneva, 1991). Françoise Barguillet, in *Rousseau ou l'illusion passionnée: Les rêveries du promeneur solitaire* (Paris, 1991), and Marc Eigeldinger, in *Jean-Jacques Rousseau et la réalité de l'imaginaire* (Neuchâtel, 1962), address mainly the overarching form and specific imagery, respectively, of Rousseau's last major work, the *Rêveries*, while Marcel Raymond, in *Jean-Jacques Rousseau: La quête de soi et la rêverie* (Paris, 1986), investigates that text's illuminations of Rousseau's character.

Despite a rapidly growing number of treatments of particular themes within and around his philosophy of music, there is still much scope for original research in this field, and room for a major study of Rousseau's ideas on music as a whole, to supplant Albert Jansen's formidable *Rousseau als Musiker* (Berlin, 1884) and enlarge upon Samuel Baud- Bovy's musicologically well informed but less theoretically focused *Jean- Jacques Rousseau et la musique* (Neuchâtel, 1988), especially now that most of his writings on the subject are accessible as separate volumes of the principal modern editions of his works, in both

French and English. Philip Robinson's *Jean-Jacques Rousseau's Doctrine of the Arts* (Berne, 1984) is particularly helpful on the *Dictionnaire de musique* and certain musical themes throughout Rousseau's writings in general, which are also treated at some length in the fourth chapter and appendix of my *Rousseau on Society, Politics, Music and Language: An Historical Interpretation of his Early Writings* (New York, 1987). Michael O'Dea in *Jean-Jacques Rousseau: Music, Illusion and Desire* (London and New York, 1995) considers how the passionate inflections of the human voice described in Rousseau's early texts on music were articulated in the transports of imagination of his fictional and autobiographical works. On the subject of botany, excellent as is the commentary of Gagnebin in his edition of Rousseau's *Lettres sur la botanique* (Paris, 1962), Jansen's *Rousseau als Botaniker* (Berlin, 1885), of which some fragments have been translated into English by Sir Gavin de Beer in 'Jean-Jacques Rousseau: Botanist', *Annals of Science*, 10 (1954), remains the touchstone for all serious students. Perhaps the most remarkable and meticulous treatments of Rousseau's Swiss inheritance, preoccupations, and anxieties are those of F. Eigeldinger's *'Des pierres dans mon jardin': Les années neuchâteloises de J. J. Rousseau et la crise de 1765* (Geneva, 1992); François Jost's *Jean-Jacques Rousseau Suisse: Étude sur sa personnalité et sa pensée* (2 vols, Fribourg, 1961); and Helena Rosenblatt's *Rousseau and Geneva* (Cambridge, 1997).

Yves Touchefeu's *L'Antiquité et le christianisme dans la pensée de Rousseau* (Oxford, 1999) provides a finely balanced account of Rousseau's interpretation of classical and Christian sources. For Rousseau's debt to Machiavelli, Maurizio Viroli's *Jean-Jacques Rousseau and the 'Well-ordered Society'* (Cambridge, 1988) is particularly helpful, as is the treatment of his confrontation of Hobbes in Howard Cell's and James MacAdam's *Rousseau's Response to Hobbes* (Berne, 1988). I have assessed his appreciation of Pufendorf in my 'Rousseau's Pufendorf: Natural Law and the Foundations of Commercial Society', *History Of Political Thought*, 15 (1994). Henri Gouhier's *Rousseau et Voltaire: Portraits dans deux miroirs* (Paris, 1983) is masterful in its unravelling of the differences between the two principal antagonists of the age of Enlightenment, while still unsurpassed as a treatment of Rousseau's early intellectual development against the background of the *Encyclopédie* is René Hubert's *Rousseau et l'Encyclopédie:*

Essai sur la formation des idées politiques de Rousseau (1742–56) (Paris, 1928), a theme I have pursued specifically with reference to Diderot in 'The Influence of Diderot on the Political Theory of Rousseau: Two Aspects of a Relationship', *SVEC* 132 (1975). Mark Hulliung's *The Autocritique of Enlightenment: Rousseau and the Philosophes* (Cambridge, Mass., 1994) both amply and subtly traces the intellectual tensions between Rousseau and leading thinkers of his world.

On Rousseauism in France at the end of the eighteenth century, Jean Roussel's *Rousseau en France après la Révolution, 1795–1830* (Paris, 1972) provides the most comprehensive treatment; as, with respect to Germany, does Jacques Mounier's *La Fortune des écrits de Rousseau dans les pays de langue allemande de 1782 à 1813* (Paris, 1980); with regard to Italy, Silvia Rota Ghibaudi's *La fortuna di Rousseau in Italia (1750–1815)* (Turin, 1961); and, in English thought, Henri Roddier's *J.-J. Rousseau en Angleterre au XVIIIe siècle* (Paris, 1950) and Jacques Voisine's *Rousseau en Angleterre à l'époque romantique* (Paris, 1956). Guillemin's *'Cette affaire infernale': L'affaire J. J. Rousseau-David Hume, 1766* (4th edn, Paris, 1942) offers a lively reading of Rousseau's year of torment in the hands of a man who meant him well. For anticipations of Kant in Rousseau's philosophy, the classic text remains Cassirer's *Rousseau, Kant and Goethe, first published in 1945* (New York, 1963). Among the most notable accounts of Rousseau's literary or philosophical reputation in assessments of later commentators are Trousson's *Rousseau et sa fortune littéraire* (Bordeaux, 1971) and Tanguy L'Aminot's *Images de Jean-Jacques Rousseau de 1912 à 1978* (Oxford, 1992).